みんなの〈青春〉

思い出語りの
50年史

石岡 学

生きのびるブックス

はじめに

二〇二二年の秋にアニメ化されヒットした『ぼっち・ざ・ろっく！』という作品がある（はまじあきによる原作は二〇一八年に連載開始）。ギタリストとして成功する夢を見ながらも、いわゆる「コミュ障」「陰キャ」な性格のせいで誰ともバンドを組めないままギターの腕前だけはプロ級になった女子高校生・後藤ひとり（あだ名は「ぼっちちゃん」）が、ふとしたきっかけから実際にバンドを結成することになり、徐々に（本当に徐々にだが）成長していく様を描いたギャグマンガである。

この作品は、明らかに「青春」をその主題としている。高校生を主人公にしているのだから当然だろうと思うかもしれないが、そういう意味ではない。「青春的なもの」に対する主人公の（そしておそらくは作者の）屈折した感情が、全編にわたってギャグの要として散りばめられているのである。そのことは、アニメのオープニング曲が「青春コンプレックス」というタイトルであることにも、はっきりと表れている。作中には、ぼっちちゃんがキラキラ輝く青春イメージにあてられて気絶したり溶けたり別の動物に変身したりする描写が、しばしば登場する。キラキラした青春を送ることは自分には無理だ、にもかかわらず「自分には関係ないし」と超然としてもいられない、だから自分はダメなやつなんだ——そういうゴチャゴチャした感情がない交ぜになった状態。それは、まさにコンプレックスである。

こんな作品が人気を集めるのは、ぼっちちゃんのように青春に対してコンプレックスを抱く者が決して珍しい存在ではないからだと思う。それどころか、「自分の青春は充実してたし、とても満足している!」と堂々といえる者に、私はほとんど出会ったことがない（そういうタイプの人を避けているだけかもしれない）。しかし、世の中には青春をキラキラ輝くものとして描く作品があとを絶たない。それだけ、明るく輝く青春イメージが求められているということなのだろう。いや、あんなものはしょせんイメージの中の話であって、現実の青春は暗く地味なものであると、そういう風に切り分けられるなら話は単純だが、そういうわけでもない。暗い青春を描いた作品も少なからずあるし、「充実していた!」と宣言するほどではなくても、「青春時代はよかったなあ」と懐古する人は少なからずいるだろう。結局、青春というものが何なのか、いまいちよくわからない。でも、青春は特別で大切なものであるとみんな思っている。

なぜ、青春はこんなにも面倒なものなのだろうか。なぜ、青春はこんなにも人の心を揺さぶってくるのだろうか。本書は、そんな問いに端を発した「青春の歴史社会学試論」ともいうべきものである。といっても、純然たる学術書としてではなくて、学問半分・エッセイ半分くらいのスタンスで書いたつもりなので、特段の専門知識などは必要ない。ぼっちちゃんや筆者のように（あるいはそれほど強烈でなくても）、青春に何らかのコンプレックスを抱いている多くの人に、気軽に手に取っていただければ幸いである。

目次

第三章

メディアに息づく「青春」

第四章

いつか振り返る日のために

第五章 〈輝けない者たち〉のブルース

第六章 アンチという名の王道をゆく

みんなの〈青春〉——思い出語りの50年史

第一章 謎を抱きしめて

本書では、高度経済成長期以降の日本社会で、「青春」がどのように語られ、どのようなイメージをまとってきたかを、歴史社会学的に読み解いていこうと思う。

こんなテーマを掲げると、「そんなに青春が好きなんですか？」と聞かれそうだが、実際は全く逆である。そもそも、当事者だったといってもいい学生の頃から、あまり「青春」というものがピンと来なかった。そのときの自分を「青春まっただ中」と思うのも妙な気がしたし、あとから振り返って「あの頃はよかった」と思うこともそれほどない。むしろ、忘れたいのにフラッシュバックしてくる苦々しい思い出の方が確実に多い[1]。にもかかわらず、いやだからこそ、完全に中年の域に達してしまった現在にいたるまで、ずっと「青春」には何か引っかかりを感じながら生きてきた。なぜ「青春」はかくも美化して語られ、過剰に意味づけられるのだろうか。自分にとっては何が「青春」だったのか、それはいつ終わったのか（あるいは終わっていないのか）。そもそも「青春」とはいったい何のことなのか……。

しかし、何ぶんにも「青春」はテーマとして大き過ぎて、真正面から立ち向かっていくとなると、なかなか歯が立ちそうもない。[2] そういうわけで、青春への関心は持ちつつ、それと関連しながらもう少し手をつけやすいテーマを選んで、これまでは研究をしてきた。具体的には、子どもや若者に対して社会が投影してきた期待や願望、理想的イメージの歴史的変遷についてである。[3] 教育学の周辺領域で過ごしてきたので、こうしたテーマは学術研究の中に比較的位置づけやすい。ただ、いずれは何らかの形で「青春」そのものを中心テーマにすえた研究をやってみたいという、半分は知的な、半分は興味本位な欲求はくすぶり続け、「いつかは必ず……」と思いながら、気づけばけっこうな年月が経過していた。

そこへ、まさに渡りに船とばかりに「青春について書いてみませんか」という連載執筆のご依頼があった。本書の編集も担当していただいている、篠田里香さんからである。篠田さんは、アイドルホース（競走馬）をめぐる語りとその意味について論じた拙著『「地方」と「努力」の現代史』（青土社、二〇二〇年）を大変に高く評価してくださり、過去をめぐる語りを読み解く面

1　苦々しい思い出は数知れないが、本書の中でおいおい触れていくことにしたい。
2　試みに国会図書館（NDL online）で「青春」を検索してみると、四万件近くもの資料が出てくる。
3　ご興味のある方は、石岡（二〇〇四）、石岡（二〇一七）などをお読みください（オープンアクセスなので、Web上からダウンロードできます）。

白さという点にとても興味を持たれ、その流れで「たとえば青春などテーマにしてみたらどうでしょう」と提案された。それは初めてメールをいただいた時、つまりまだ直接会ってお話したこともない段階でのことである。何か、こちらの問題関心を的確に掴まれた気がして、この船に乗らないわけにはいかないだろうと、割と早く依頼を引き受ける決心がついたのだった。

とはいえ、やはり青春が非常に大きなテーマであることには変わりない。どうやってこれを読み解いていくのがいいだろうか。うまく視点を定めないと、「いろいろな青春がありますねー」で終わってしまう（質的研究の陥りがちな罠）。そこでまずは、これから何をターゲットとして、どういう視点から青春を読み解いていくか、それを確定させていくことにしよう。具体的には、私が青春についてずっと気になってきた点を整理して注目ポイントを絞り込む。そして、これまで青春はどのように研究されてきたのかを検討する。こういう順番で、ねらいを定めていきたいと思う。そんな面倒なことはせずに「とにかくこれに興味があるから！」といって進めてもいいのだが、どうしても本業が学術研究者なので、こういう手続きを踏んでいかないと気が済まない（いや本音をいえば、同業者からのツッコミ防止対策である）。とはいえ、どんな研究でもそうだが、出発点はやはり「私」なのである。まずは、私にとっての青春をめぐる「謎」を整理するところから始めていきたい。

青春の独特さ・奇妙さ

さきほど、青春は非常に大きなテーマだと書いた。だが、大きいというよりもむしろ、あまりに多面的で掴みどころがないという方が正確かもしれない。

試みに、読者のみなさん自身にとって「青春とは何だったか」を、ちょっと考えてみてほしい。何となく、「楽しかった／辛かった」「戻りたい／戻りたくない」といった感じに、大きく分かれるだろう。「それは具体的に何歳頃のことか」と尋ねれば、中学生頃だと答える人もあれば、三〇〜四〇代頃と答える高齢者もいるだろう。住んでいた地域や時代、あるいは性別によっても、青春の経験とその意味は千差万別である。

だが一方で、青春時代は特別な時代であり、青春には何か大きな意味がある（と考えられている）ということについては、否定する人はほぼ皆無ではないだろうか。楽しかったと懐古できる人にとってはもちろん、青春に何らかの挫折を経験した人がしばしばそれを引きずりがちになるのも（「青春を取り戻す」！）、それが特別な意味を持つ何かであればこそだと思われる。

これが、私が青春というテーマに惹かれる、というよりむしろ引っかかりを覚える理由の第一である。つまり、**青春には必要以上に過剰な意味・価値が付与されているのではないか**、ということだ。何か「理想の青春」のようなものがあって、自分自身の青春時代をそれとの比較でとらえようとする向きは、非常に強い。それは、中高生くらいであれば自らを「理想の青春」

に近づけようとする努力として現出する（例えば、恋愛だったり部活に打ち込むことだったり）。もっと年長の世代であれば、「理想の青春」ではなかった自身の青春時代への悔恨としてもあらわれうるし、何か新しいことにチャレンジしてそれを「第二の青春」「生涯青春」などといってみたりもする。青春は、単なる年齢の若さを意味しているのではなく、いわば人生のピークとして位置づけられているのである。いったいなぜ、（私も含め）かくも多くの人が青春にとらわれ続けてしまうのだろうか。言い換えれば、多くの人の心の中でなぜ青春は無視できないほどの存在感を持って生きのびてしまうのか。これが、私にとっての青春をめぐる第一の謎である。

その理由の一端は、青春がコンテンツとして消費される格好のネタとして存在していることに関わっていると思うが、それこそが私が青春に興味を抱く第二の理由である。青春映画、青春ドラマ、青春小説、青春ソング、といったように、青春はフィクションの題材として確固たるジャンルを形成している。つまり、青春はそれだけ「売れる」コンテンツだということである（中年ソングなど、多分ネタにしかならない）。あるいは、アイドルや学生スポーツなども、青春を売り物にしたコンテンツといっていいだろう。青春映画・ドラマにはしばしばアイドル（あるいはアイドル的な若い俳優）がキャスティングされるし、アイドルソングには青春をテーマにしたものも多い。アイドルの「適齢期」がおおむね一〇―二〇代前半とされていることも、アイドルと青春の親和性を裏づける。また、学生スポーツも青春を消費するコンテンツと見ることができる。高校野球や箱根駅伝などが長年にわたって人気を博していることは、それらがメディアイベントとして「売れる」ものであることを端的に示しているし、それらの人気が単にアスリートとしての技量の高さによるものだけではないこと、すなわち青春と結びつけて捉えられているからこそであるのは、明らかであろう。「高校最後の夏」「最後の箱根路」などというように、高校・大学時代にしかできないという希少性が、季節限定商品のようにその価値を高めていることは間違いない。

このように、フィクションのみならず、現実における青春の生きざまを通じても、「理想の青春」イメージは表象され、コンテンツとして消費されている。そして、この「理想の青春」イメージは、翻《ひるがえ》って現実の青春を規定する力を発揮し、「もっと青春したい！」「これって青春ぽくない？」といったように、しばしば自己言及的な語りを産出することとなる。これが、私にとっての青春をめぐる第三の謎である。

私自身、学生の時分に同世代がこのような発言をするのを耳にするたびに、何ともいえない気分になったのを記憶している。何か、与えられたイメージをそのまま躊躇なく演じることは非常に主体性のないことのように思われ、そこはかとない違和感があったのだ。それに、通っていた中学・高校は色々とルールや縛りがきつくて私は精神的に委縮していたし、男子校で球技が苦手というのは致命的に人間を歪める。そういうわけで、学生時代はあまり楽しくなく、世の中に蔓延する「青春時代は素晴らしい」というイメージに全く共感できなかった。むしろ、森田公一とトップギャラン『青春時代』（一九七六年リリース）の「青春時代のまん中は道にまよっているばかり」「胸にとげさすことばかり」という歌詞にシンパシーを感じながら、「青春時代はしんどいと思っている自分の方が正しい！」などと憤っていた。今はそこまでの反発感はないが、自己言及される青春への違和感そのものは、未だに解消されないまま残っている。青春への自己言及にはどういう意味があるのか、そのような現象はいつから見られるのか、これは是非とも探ってみたい疑問の一つである。

というわけで、ここまで整理してきた私自身の青春に対する引っかかりを改めてまとめると、次のようになる。

- **青春のイメージはコンテンツとして消費され、さまざまなメディアを通じて過剰に価値づけられ意味づけられている。**
- **それを参照点にして、それぞれが自身の青春を評価している。そしてその評価が、現実の人生に少なからず影響を与えている。**

青春をめぐるイメージと現実の往還。一言でいえば、私が明らかにしてみたい「青春をめぐる謎」はこれである。いま述べてきたように、私自身がその枠組みから自由でなかったわけだが、これは何も私個人に特異なことではないはずだ。そうでなければ、これほど多くの青春にまつわるコンテンツや語りが生み出され、消費されるわけがない。だから、この謎は社会的な現象として解明に挑んでみる価値が十分にあるものだと思う。

近代のイデオロギーとしての青春？

では、このような「青春をめぐる謎」に迫るためにはどの時期の、どんなデータにアプローチすればいいだろうか。照準をもう少し絞り込んでいくために、ここからは関連する先行研究について概観してみたい。

青春を主題とした研究がこれまで最も盛んに行われてきたのは、おそらく文学研究の領域である。特に高度経済成長期頃までは、文学作品そのものが青春を好んでテーマとして取り上げていたし、それらをめぐる青春論も盛んであった。詳細は次章で見ていくが、それらは多分に西洋由来のビルドゥングス・ロマン（教養小説）の影響を受けており、実際に生きられた青春がどうであったかという以上に、「あるべき青春のあり方」をめぐる模索の軌跡であったといえる。だが、そうした意味での青春は、日本では高度成長期の終焉と前後して急速に衰退したとされる。[4]三浦雅士（二〇〇一）と古屋健三（二〇〇一）の研究は、いずれもそうした認識に基づき、近代という時代を背負った青春、あるいは青年のイメージはそれ以後規範的な影響力を持たなくなったと指摘している。一九九〇年代以降の歴史研究において、「青春」や「青年」

4　文学研究の文脈以外でも、こうした見方がある。たとえば、教育社会学者の竹内洋は「戦後の新制中学と新制高校こそ青春を大衆化し、ティーン・エイジャーを創出した装置だった。（中略）この年（＝「高校三年生」が大ヒットした一九六三年：引用者注）の高校進学率は六七％である。しかし、ここあたりを峠として青春と友情のそして文明化の装置としての学校の意味と輝きが喪失しはじめる」（竹内、二〇一一、四頁）と述べている。

を近代社会に特有の概念だとして相対化するものがあらわれてくるが、これらもこうした文学研究の知見に接続するものだといえよう[5]。さらに近年では、メディア史研究者によっても、戦後日本における青年イメージの変遷と衰退のありようが明らかにされてきている[6]。

しかし、現在でも、青春という言葉を聞いたことがないという人はまずいないだろう。ということは、青春は消滅したわけではなく、その意味を変容させつつ現代まで生きのびているといった方が正確である。では、高度成長期以後、同時代の青春はどう研究されてきたのかといえば、実はあまり真正面から主題として扱われてきたとはいえない。もちろん、社会学の文脈において青年・若者には少なからず関心が向けられてきたが、それらは主に①逸脱行動・現象に関する研究、②青年・若者（文化）研究、③青年・若者論研究、といった形で主題化されてきた。

①は高度成長期以前から存在するが、いわゆる「青少年問題」という形で青年・若者の間に見られる非行や犯罪などの問題行動を取り上げ、その解決を志向するタイプの研究である。②は、一九八〇年代以降に増えてきたもので、若者の意識・価値観の変容やその原因となる社会的要因について、分析・解釈するものだ。特に、成人世代のものとは相対的に自立するようになった若者世代のカルチャー、すなわち若者文化に焦点を当てたものも多い[7]。③は、②から派生して特に二〇〇〇年代以降に浮上してきたテーマで、若者の「語られ方」に着目することで若者論・世代論自体の相対化を志向するものである[8]。いわば、若者について語りたがる社会の側に注目し考察したものがこれにあたる。これらのうち、特に②③の研究は私の問題関心と

関連するが、前節で述べた私にとっての「謎」に直接的に答えてくれるような研究は、管見の限り見当たらない。

あまり煩雑になってもいけないので、これ以上の詳細な検討は避けたいと思う。ひとまず、これまでの青春をめぐる研究状況は、次のように整理することができるだろう。すなわち、「青年」や「青春」は普遍的概念ではなく、近代的イデオロギーを帯びた歴史的構築物である。日本社会においては、高度成長期の終わり＝近代化の一定の完了とともに、青春という概念が持っていたそのような圧倒的な影響力は消滅したとされる。一方で、青春はその意味を変質させながら、現代にいたるまで規範として強い影響力を持ち続けている。だが、高度成長期以後の日本社会における青春のありようは、意外なほどよくわかっていない。青年・若者に関する社会学的研究の知見は重要な参考にはなるものの、これらの領域で青春そのものが真正面から取り扱われることはほとんどなかった。

こうして見ると灯台下暗しで、ここ五〇年間ほどの青春についての研究が抜け落ちてしまっていることがわかる。どうやら照準すべき時代が定まってきたようだ。

5　北村（一九九八）、木村（一九九八）、平石（二〇一二）、田嶋（二〇一六）、和崎（二〇一七）など。

6　佐藤（二〇一七）、福間（二〇一七）、福間（二〇二〇）など。

7　宮台・石原・大塚（一九九三）、浅野編（二〇〇六）、難波（二〇〇七）、古市（二〇一一）、片瀬（二〇一五）など。また、タイトルに「青春」を冠した社会学の研究書として岩見（一九九三）および岩見編著（二〇一五）があるが、内容としてはこの②の系統に含まれる。

8　羽渕編（二〇〇八）、浅野（二〇一三→二〇一五）、後藤（二〇一三）、川崎・浅野編著（二〇一六）、木村・轡田・牧野編著（二〇二一）など。

生きのびる青春

さて、現代において「青春」と聞けば、まず学生時代を連想する人が多いだろう。しかし、一〇〜二〇代の時期を多くの人が学生として過ごすようになったのは、実は割と最近のことだ。一九五〇年代、義務教育後に高校へ進学した者はまだ同世代の半分程度であったし、大学進学者にいたっては一割程度であった（戦前はもちろんもっと少ないし、そもそも小学校より上の学校で「男女共学」は存在しなかった）。それが、高度成長期の十数年間で進学率が急上昇し、一九七〇年代前半には高校進学率は九割を超え、大学進学率も三割を超えるほどにまでなった。文学研究においてはこのあたりが「青春の終焉」を迎えた時期ということになるが、まさにこの時期以降こそが重要であると私は思う。というのも、多くの人が青春時代を学生として過ごすようになったからこそ、先に挙げた青春をめぐる謎も生じてくるからである。さまざまなコンテンツに描かれた青春に自分を照らし合わせようとする欲望が生じるためには、その青春があまりに自分と縁遠いものであってはならない。自分もそのような青春を送ることができるかもしれないという可能性がなければ、そもそも引き比べることはできないからだ。いわば、モラトリアムとしての青春時代を多くの人が享受できるようになった時代だからこそ、先の青春をめぐる謎も生じてくる。そう考えるならば、照準すべき時期は概ね一九七〇年代後半以降ということになる。

これは、ちょうど前節で述べた研究の空白を埋めるという意味でも、妥当な時代設定だと思う。加えて、一九七〇年代以降は、それ以前にまして青春がコンテンツとして盛んに消費されるようになった時代である。従来の映画や小説といったメディアに加え、テレビドラマ、コミック、流行歌など、よりさまざまな種類のメディアが社会に普及し、特に若い世代をターゲットにしたコンテンツにおいて盛んに青春が題材として取り上げられるようになったからである。さらに、二一世紀以降は、それにインターネットメディアが加わってくることはいうまでもない。

となると、一九七〇年代以降のメディアコンテンツに描かれた青春のありようをターゲットにするのが自然なように思われる。しかし、これらを直接の研究対象とするアプローチは、やや私の問題関心からずれる。もちろん、そういった研究は興味をそそられるし、十分に意義もあると思うが、私自身が文学や映画のような文化そのものを研究の専門領域としてきたわけではないので、下手をすると素人めいた評論になってしまうおそれがある。それに、単にフィクションにおける青春の描かれ方を検討しただけでは、青春をめぐるもう一つの謎――青春を参照点とした自己評価とその影響――が解明されないままに終わってしまう。メディアに表象される青春を受容するにせよ反発するにせよ、人々がそれをどう感じ取り解釈したのか、それはその人の人生にどう影響したのかしなかったのか。それを是非とも明らかにしたいのである。そのためには、人々の青春をめぐる「語り」に着目する必要がある。

というわけで、本書では、概ね一九七〇年代後半以降の時期における青春をめぐる「語り」

を考察の対象にしたいと思う。その中でも、雑誌（主に週刊誌・総合誌・女性誌）記事と新聞記事にあらわれた「語り」を中心に取り上げていきたい。著書、特に自伝などで青春が語られる場合も少なくないだろうが、これらは読みたいと思う人がわざわざ手に取らないと読まれないものである。それに、少数の人の考えを掘り下げていく方法は、あまり本書のテーマにはふさわしくない。むしろ、より多くの人が何気なく目にする、より日常的な記事を大量に集めて見ていく方が、かえって青春をめぐる「語り」の定型とその意味が浮かび上がってくるのではないか、と思うのである。

最後に、具体的な資料の選定方法について説明をしておきたい。ここは完全に手続き的な記述なので、関心のない読者は読み飛ばして次章へ進んでいただいて構わない。

まず、雑誌記事の検索にあたっては、「大宅壮一文庫雑誌記事索引検索ｗｅｂ版」を用いた。記事分類を「インタビュー」「対談」「座談」にそれぞれ限定し「青春」で検索した結果（二〇二一年七月九日時点でそれぞれ三一二一件、五一五件、二一四件）に加え、「青春」とそれに関連すると思われる単語[9]とを「ａｎｄ検索」し一定以上の件数（目安として一〇〇件以上）の結果が出た記事を抽出する。これらのうち、筆者が記事タイトルなどに基づきピックアップしたものを具体的な検討対象としたい[10]。新聞記事については、『朝日新聞』のデータベース『聞蔵IIビジュアル』（現在は『朝日新聞クロスサーチ』）、『読売新聞』のデータベース『ヨミダス』を用い、青春をテーマとした投書記事を中心に取り出して検討したい。[11] これらの資料を併用することで、雑誌記事における「有名人」の語りと新聞記事における「一般人」の語りをともにカバーすることができる。ただし注意しておきたいのは、これらのデータベースで検索できる範囲が、一九八〇年代後半以降に限定される点である。[12] いずれも一九八〇年代前半以前の時期について検索は可能であるが、検索のシステムが異なるため、かえってややこしい事態を招いてしまうおそれがある。ただ、青春については何年、何十年たってから振り返って語られることも少なくないため、一九八〇年代前半以前の青春についても、検討対象とする資料によってある程度は把握できる。

以上のように、今回の資料の選定は、厳密に客観的な基準によったものとは言い難い。しかし、別にこの研究だけで青春をめぐる語りのすべてを明らかにしようなどとは毛頭思っていないし、膨大過ぎてほとんど手がつけられていないテーマに、まずはとっかかりを得ようとして

9 具体的な単語は、以下の通り（順不同）。懐（二四〇件）、青春だった（一七八件）、あの頃 ｏｒ あのころ（一三三件＋三四件）、思い出 ｏｒ 想い出（四九八件＋二二件）、悔（八三件）、苦（一三四件）、挫折（六三件）、悩（二一二件）、痛（一一二件）、恥（一〇七件）、甘（一三四件）、夢（五二五件）、恋愛（四七四件）、輝（三一六件）、青春時代（八六三件）。カッコ内は本書のベースとなった連載のための調査時二〇二一年七月九日時点での検索結果件数。

10 基本的な方針として、「青春に対する何らかの認識が語られているもの」をピックアップしている。単にかつての文化・流行を振り返って紹介する趣の記事や、タイトルに「青春」が含まれていてもそれが中心的話題ではないと思われる記事などは、検討の対象外としている。

11 朝日新聞については、検索面を「オピニオン・声」＋「生活」＋「be」に限定し、「青春」で見出しのみ検索した（二〇二一年九月一七日時点で四二六件）。読売新聞については見出しのみ検索ができないため、「青春　気流」で検索した（二〇二一年九月一七日時点で一五四二件）。読売新聞の件数がかなり多いが、二〇〇〇年四月から二〇〇七年一二月まで若年層に投稿者を限定した「青春気流」というコーナーがあったため、このような結果になったと考えられる（「青春気流」での検索結果は九八五件）。

12 大宅壮一文庫ｗｅｂ版は一九八八年以降、『聞蔵Ⅱビジュアル』は一九八五年以降、『ヨミダス』は一九八六年以降が対象範囲。

みることに意義がある！　と私は考えている。本書では、学術的な精緻さにこだわるよりも、ここ五〇年間の日本社会において青春はどう語られ経験されてきたのか、その大枠の把握を目指したいと思う。いわば、「高度成長期以後の日本社会における青春とは何だったのか」という大樹海のような問いに対して、まずは俯瞰図を描いてみたいと思うわけである。

第二章

さらば青春!?
——七〇年代のターニングポイント

本書のテーマを「青春をめぐる語り」に絞り込んだわけだが、いきなり「語り」を読み解こうとするのは少々無理があると思う。「語り」を読み解くには、誰がどういう文脈で何について語っているのかがわかっていないといけないし、そのためには背景知識がどうしても必要だからだ。

というわけで、この章では、かつて近代日本において規範として絶大な力を発揮していた青春という概念とはどのようなものであったのか、その由来と内実について、文学と映画を中心にまとめていくことにしたい。それをふまえて、青春が「終焉」したとされる一九七〇年前後の時期に、同時代的にそのような「終焉」がどう感知されていたのかについても触れることができればと思っている。

「青春」の誕生

まず、「青春は普遍的なものではない」ということから、話を始めていこう。

普遍的でないということはつまり、われわれがイメージする青春は特殊な、時代がかったものだということである。というより、青春という概念自体がそのようなものであり、いってしまえばせいぜい一八世紀以降の近代社会の産物にほかならない。

具体的にそれはどういうことか。まず、子どもと大人の二分法しか存在しない世界には、青春は成立しない。子どもでも大人でもない状態、すなわち「青年」が社会的に存在するようになってはじめて、青春は成立する。通過儀礼によって子どもから大人へと一足飛びに移行するような社会では、過渡期としての青年や青春の時期はそもそも存在しえないからだ。ではなぜそのような過渡期が誕生したかといえば、子どもから大人への移行をなだらかに進ませるための装置＝「学校」が制度化され普及していったことが大きい。School の語源が余暇であるということにあらわれているように、学校で教育を受け勉強している（だけで許される）期間というのは、それ以外のこと、すなわち労働を免除された状態である。だから、学生時代は本質的にモラトリアム期間なのだ。そのモラトリアムを一〇代後半になっても享受できる層は、近代初期においてはごく限られたエリート層の、主として男子に過ぎなかった。それが、一九世紀以降に学校教育が制度化され普及・拡大していくにつれて、徐々に一般化していくわけである。[13]

このように一般化してきた青年という存在に対して、「青年期」という特有の意味づけを行ったのが一九世紀後半以降の心理学である。すなわち、青年は過渡期にあって不安定な存在であり、さまざまな危機を抱えているとされ、「青年期」は特別の配慮が必要な時期だと「科学的」に規定されるようになった。人間の発達過程における普遍的な段階の一つとも思える青年期も、実際は近代社会に特有のものなのである。[14]

重要なのは、ここで青年期が人間の発達過程における「本質」と捉えられたことによって、学生であるか否かと無関係に青年が論じられるようになったことである。学校という仕組みが子どもから大人への移行を段階的なものとし、それによって宙ぶらりんな「青年」が誕生したわけだが、今度はそれが年齢と結びつき本質的なものとして位置づけられた。それゆえ、「勤労青年」も成立するようになったのである。

このように青年・青春が近代特有の概念として立ち上がってくる上で学校は重要な装置だったわけだが、そもそもなぜ学校は制度化され普及・拡大していったのか。近代以前にも学校に類似したもの（日本でいえば寺子屋や藩校など）はあったのだが、それと近代の学校との最大の違いは、前者が身分秩序の再生産装置であったのに対して、後者は身分秩序を攪乱し壊す（社会

13　後の章で見るように、現代に近づくほど青春と学生時代との結びつきは強まっていく傾向にあるが、これはある意味で先祖返りといえなくもない。
14　文化的・社会的に一人前とされる時期と身体的成熟を迎える時期が相当にずれるようになったという点も、青年期をより不安定なものにさせる理由の一つである。これは端的には性の問題に集約され、青春において恋愛や性が重要なテーマとして扱われ続けることの背景となっている。

の流動性を高める）ことを期待された装置だという点である。近代社会では、社会的地位決定の原理が属性主義から業績・能力主義へと（建前上は）転換された。生まれや身分といった属性に縛られない人生――それは可能性に満ちた人生ということもできるが、一方で何者になれるのかわからない、あるいはそもそも何者になるべきかわからない、という悩みも必然的に生み出す。だから、青春は希望と不安、光と闇をともに抱え込むものとなったのだ。古屋健三が以下のように表現する青春は、まさにこうした近代的青春のイメージを端的にあらわしている。

> 人はそこで異性を知って恋をし、個性に目覚めて進路を見定め、生きることに思い悩み、真理を手に入れようとあがき、社会の醜さに戦《おのの》いたりした。純粋で、まだ半ば夢をみていて、心の気高さだけで世間の泥沼を渡っていけると頑固に思いこんではいるが、しかし実際には内面の深い泥に足をとられて、あっぷあっぷしている、とにかく矛盾だらけで、あらゆる問題が噴き出してくる、ドラマチックな年頃であった。幼年時代のトラウマで人の営みすべてが説明されてしまう現代とは違って、近代人は自らの手で己の宿命を掘りあてなければならなかったし、それには初めて異質な他者と係わる青春を生きて、己の顔を見極める必要があったのである（古屋　二〇〇一、九―一〇頁）。

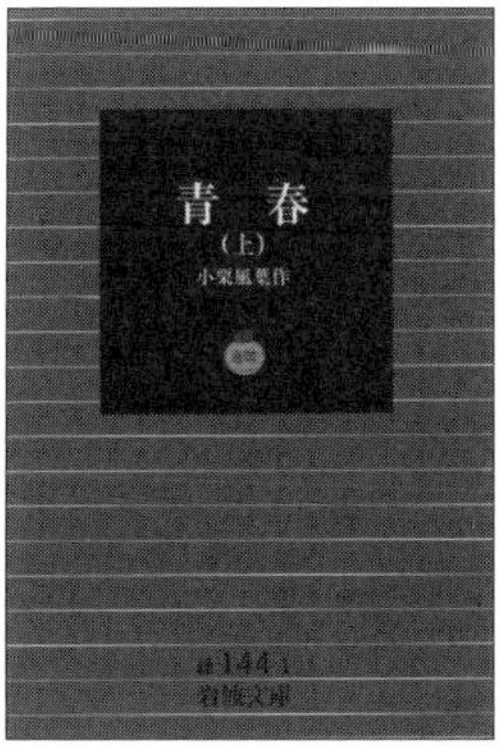

『青春』小栗風葉（岩波文庫、1953年）

『青春の終焉』三浦雅士（講談社学術文庫、2012年。初版は2001年）

近代日本文学と青春

とはいえ、社会の変容にともなってライフステージのありようが変化すること自体は、ごく当然のことである。問題は、青春が単に近代になって新たに誕生したという事実にあるのではなく、それが規範として強い影響力を及ぼしたという点にある。二〇世紀前半の日本社会において、まずそれは文学を中心として展開された。

「青春という言葉はかつて、疑いもなく、異様なほどの輝きを帯びていた」という三浦雅士（二〇〇一、七頁）は、著書『青春の終焉』において、日本近代文学がいかに青春を軸として展開し、それがいかに終焉したのかを論じた。三浦によれば、青春という言葉を一般に流布させたのは、一九〇五年から翌年にかけて『読売新聞』に連載された小栗風葉の小説『青春』である（同書、七―八頁）。それ以前の一八八〇年に young men の訳語として東京基督教青年会（YMCA）が用いた「青年」は、一八八〇年代後半に徳富蘇峰が積極的に用いたことで一挙に普及し、これによってすでに「青春」という言葉が受容される素地はできていたという。[15] その後、島崎藤村『春』(一九〇八)、夏目漱石『三四郎』(同)、森鷗外『青年』(一九一〇)といった作品や、雑誌『白樺』(一九一〇年創刊)などが続々刊行され、新しく生み出された青春という言葉は、これ以後の近代日本における文学と人の生き方を支配するにいたる。その青春のあり方とは、三浦によれば、「社会的覚醒であり、革命であり、政治的かつ芸術的前衛であり、恋愛であり、その挫折であった」という(同書、一六頁)。

ところで、青春と文学ということでは、ドイツを中心として一九世紀に流行したビルドゥングス・ロマンにその源流を見出すこともできそうである。教養小説、自己形成小説、あるいは成長小説などとも訳されるこれらの作品は、若者がさまざまな体験を経て「自己形成」し「成長」していく姿を描いたものだ。たしかに、近代日本文学が青春というテーマに飛びついたことの背景に、ビルドゥングス・ロマンが無関係であったとは考えにくい。では、青春を描いた近代日本文学はこのビルドゥングス・ロマンの日本版に過ぎないのかといえば、ことはそう単純でない。ドイツ以外の国も含め、西洋では青春が文学の中心テーマであり続けたというような状況は、必ずしも見られなかったからである。[16] ことさらに青春と文学が強く結びつき、「青春かくあるべし」という規範となったのは、近代日本に特有の事態だったと見る方がよさそうだ。

そのような、日本における文学や文芸評論の「青春ブーム」は、特に一九三〇年代と一九六〇年代にピークを迎えたとされるが、その具体的な様相については『青春の終焉』をはじめとした先行研究に譲りたい。ここでは、かつての日本社会で青春はこのように強烈な規範としてあった、ということをおさえておけば十分だろう。青春とは、夢・希望・不安・悩みといった矛盾を抱えるべき、抱えなくてはならないものであり、逆にいえば、そうした葛藤のない青春は「偽りの青春」だったのである（わざわざ悩み苦しむことを求めるとは、何たるナルシシズム！）。

「男の世界」

ところで、読者の中にはここまでの話で、「これって男の青春の話ではないのか？」と引っかかりを覚えた人もいると思う。その引っかかりは間違っていないし、間違っていないどころかとても重要なポイントである。

実際、三浦はこの点について自覚的に論じていて、青春が一九七〇年代に「終焉」した理

15 ただし、近代日本における青年・学校・青春の関係はやや複雑である。青年という言葉は、青年団や青年訓練所、青年学校といったように、どちらかといえば「学生でないノンエリート」という意味合いを持たされて通用していた（一九七〇年代くらいまではそうである）。青春は文学が好んで取り上げている時点でエリート志向であり、どちらかといえば学生により強く結びつけられていたと考えられる。だが一方で、旧制高校生（エリート）である藤村操の自殺（一九〇三年）が「煩悶青年」として問題化されたように、特有の危機を抱えた青年期というイメージは学生・青年をともにカバーしていた。このあたり興味深い問題だが、本書の主眼ではないので、これ以上の追究は避けたい。さしあたりの参考文献として、和崎（二〇一七）をあげておく。

16 丸谷才一は山崎正和との対談で、西洋ではどこにも青春をテーマとした評論集などないのに、日本の文芸評論ではやたらと青春を中心にしたものが多いことに違和感があったという旨の発言をしている（丸谷才一・山崎正和「特別対談　近代文学は「青春」と「不機嫌」を祀った」『文學界』二〇〇一年八月）。

学生が立てこもる東大安田講堂に向け、放水する機動隊の車両（東京都文京区、1969年1月、時事通信フォト）
革命と政治に彩られた「男の世界」としての青春。1960年代後半に、それは最も暴力的な形で発露し、やがて急速に鎮まった

由として、「資本主義の内実」が変わり「階級がもはや人格と結びつかなくなってしまった」ことに加え、「それ以上に重要なのは、長く抑圧されてきた女性が、その解放の端緒をつかみはじめたからである」と指摘していた（三浦二〇〇一、一二頁）。また、「青春というイデオロギーは、男尊女卑というイデオロギーと矛盾することなく共存していた。青春も青年も男の専有物としてあったことに誰も気づかないほど、それは自然だったのである。透谷も独歩も恋愛至上主義者といっていいほどだったが、女性は対象であって主体ではなかった」（同、一七八頁）とも書いている。

『青春の終焉』をめぐる三浦と上野千鶴子との対談でも、青春とジェンダーの問題が掘り下げられている（上野千鶴子・三浦雅士「青春の終焉と主体なき現在」『群像』二〇〇一年一一月号）。この中で三浦は、青年や青春は近代国民国家の成立と芋づる式につながったイデオロギーだったにもかかわらず、思春期という生理的自然と簡単に重ねあわされて自然かつ自明なことと見なされるようになってしまった、と述べる。つまりそれは生産・成長第一主義と一続きであり、「女性という問題を覆い隠すかたちで機能してきた」というのだ。

同様に上野も、青春は「現在のための現在ではなく、将来のための現在という将来からの遡及によってしか価値づけられないような過渡期」であるとし、それは手段的価値であって自己充足的価値ではないと指摘する。そのうえで、青春が近代日本文学の重要テーマになった理由について、次のようにぶった切っている。

身もふたもなくいってしまえば、日本の近代文学の担い手は、エリートの中でも二流エリートだったんでしょう。もし青春の価値が手段的な価値だとすれば、青春とは通過すべき時間ですね。ビルドゥンクス・ロマンは、教養小説であると同時に成長物語ですから、その後にイニシエーション、つまり成熟が来るはずです。教養をくぐり抜けて、成熟に行くべき過渡期が青春でしょう。しかし、その過渡期に永遠にとどまろうとした人々は成熟に行かなかった。そこに行かないことを正当化する必要に迫られて、青春のただ中に居続けることの方が、そこをくぐり抜けて向こうに行くよりも価値が上だと言いつのる必要がある。（…）ともかく世俗的なエリートにならないもしくはなれなかった人々が、青春という記号に立てこもったのではないでしょうか。

上野の指摘は手厳しいが、文学と青春という問題系の重要な側面を言い当てていると思う。いずれにせよ、この問題系は実は男性性と強く結びついていたのであり、ジェンダーの観点からはいずれ「終焉」しなければならない性質のものだったともいえるだろう[17]。

青春はカネになる!?——映画のイメージ

近代日本において、文学以上に青春を好んで題材として取り上げ、そのイメージ構築に影響を与えたのは映画だろう。「日活青春映画」などとジャンル分けもされるように、青春は映画の鉄板ネタといってもよい。ただ、これも本格的に論じようとすれば一冊の本ですら足りないくらいの大きなテーマなので、ここでは、一九七〇年代半ばの時点で青春映画の系譜についてまとめ、興味深い指摘をしている佐藤忠男の論を取り上げてみたい（以下、本節のページ数表示は全て佐藤（一九七六））。

佐藤は、青春映画を「悩み苦しみながら人生の意味を手さぐりで求めるような若者たちに焦点をあてた映画」（二九〇頁）と定義し、「青春という観念は映画によって大きくはぐくまれ」、「現代人の思想になった」（一九頁）と説く。そして、ひと昔前まで、青春は「希望とか、あらゆる困難にくじけずに前進する強さとか、あくまでも理想をめざして頑張ることのできる純粋さ、といった気分」に満ちていたという。

だが佐藤は、そういった青春のイメージについて、「青春というものがじっさいにそういうものであるからというよりも、いわゆる青春映画によってつくりあげられたものではなかったのだろうか」（一七頁）と、その虚構性を問う。佐藤がこのようにいうのは、青春とは性に関する煩悶に悩まされ、将来の見通しがはっきりせず何をしても手応えに乏しく貧乏な時代であり、「どんな観点から考えても、青春とはつまらない時期であり、辛い時期であり、かわいそうな時期である」（一六頁）と捉えているからである。それゆえ、「青春が人生の華の時期であるように言われるのは、じつは、現実にはいいことなんてひとつもない若者たちに、ただ夢だけを売る商売、つまり青春映画だとか、青春を賛美する歌謡曲だとかいったものが産業として成り立つようになった近々数十年のことでしかない」（同）と、佐藤は映画によって描かれた青春イメージについて、「功」よりも「罪」の側面を強調することになる。

映画は、貧しい若者たちでも見れるほどの安い見世物として十九世紀末に現れ、二十世

17　昭和三〇年代には女性を重要な担い手とする「手記」がブームとなり、そこでは青春と純愛がしばしばテーマとなった（『愛と死をみつめて』などが好例）。藤井淑禎はこれを、文学という「男性主導の制度に対する異議申し立て」であったと指摘している（藤井 一九九四、一九三頁）。

紀のはじめに世界に普及した。現在のテレビのホームドラマが中年の女性たちにおもねり、中年の女性たちを美化して描くことで視聴率をあげているように、貧しい若者たちの見世物として登場した映画は、若者たちを美化し、貧しい彼らに夢と希望と自負心と誇りを売りつけることでがっぽりと儲けたのだった（一八頁）。

ここに見られるのは、輝かしい青春のイメージは商業主義によって生み出された虚構に過ぎない、という認識である。「ヨーロッパのオペラや古典劇、近代劇、日本の歌舞伎や新派などには、青春もの、というのはあんまりない」（一七―一八頁）のに、映画ではやたらと青春が取り上げられてきたのは、貧しい若者に手っ取り早く夢を売るのに都合がよかったからだ、というわけである。このような映画と青春の結びつきは、「アメリカンドリーム」という物語を有する合衆国で一九一〇年代に成立し世界中に広がり、急激な都市化・工業化とそれにともなう人口・階級の移動が流動的であった日本社会では特に浸透したというのが、佐藤の説である。また、学校教育による立身出世のあおりとは異なり、映画が焚きつける野心は恋愛による自由と幸福を目指すものであること、文学がエリート層に限定的な影響を発揮したのに対し、映画はより大衆的な影響を及ぼしたことについても、佐藤は指摘している。

もちろん、これはあくまで佐藤の解釈であり、当然ながら異論もあろう。だが私は、コンテンツとして消費される青春というものの一側面を鋭くえぐっていると思う。青春というネタは、何といっても「カネになる」のである。この事実は、青春の謎を解き明かすうえで、とても重要な視点になるだろう。

変質？ 消失？――同時代の認識

このように映画が描いた青春イメージに対して批判的なスタンスをとっていた佐藤であるが、同書刊行の一九七六年の時点で、「希望とか、不屈の勇気とか、純粋さ」を描くような青春映画は「とっくに時代遅れなものになってしまった」とも述べている（一六四頁）。三浦のいう「青春の終焉」も、青春はすでに「亡霊」だとした古屋も、本章で見てきたような規範的な青春が日本社会で消失したのは一九七〇年前後のことだとしていた（三浦 二〇〇一、一二頁）（古屋 二〇〇一、九頁）。

実際、同時代の資料を見ていても、そうした青春の変質あるいは消失をめぐる語りに出くわすことは珍しくない。たとえば、雑誌『シナリオ』は一九六六年一〇月に「〝青春〟の仮説――現代に描くべき青春はあるか？」という、「描くに値する青春など現代にはない」という認識を裏書きするようなタイトルの特集を組んでいる[18]。この中で、脚本家の白坂依志夫（一九三二―二〇一五年）は、「現代の青春を描くことは、むずかしくなった。というより、むしろ、青春には描くべきものがなにもなくなってしまった、という方が適切かもしれない」といい、「青年たちは、すっかり、飼いならされた羊になってしまったのだろう」と嘆き節全開である（白坂依志夫「ブルーな若者たち」『シナリオ』一九六六年一〇月）。別の記事で、哲学者・思想家の久野収（一九一〇―一九九九年）も、「青春が青春の中ですでに失われ、あこがれと回復の対象でしかなくなっている」とし、同時代における「青春の退廃や消滅」を指摘していた[19]（久野収「喪われつつある青春の世代」『潮』一九七三年一〇月）。いずれにしても、そこで嘆かれているのは青春のヴァイタリティの消失であり、「ビートルズ刈りや、ヒザ上十センチのスカートや、ラリル族」「アイビールックや、睡眠薬や、カミナリのような音をだすスポーツ・カー」（白坂）、「緊張的発散の体験、ヒッピー的脱落の体験」（久野）といった現象が、「現代の青春」が生命力や生産性を欠いていることの証として描き出されている。

今となっては、これらもまた当時の青春を象徴するもののように映るのだが、同時代にあってはそれが「あるべき青春」に反するものとして捉えられていたわけである。このこと自体、青春イメージの変容を端的に示していてなかなか興味深い。そしてまた、こういった認識は、この時代にあっては「あるべき青春」がまだ希求されていたということも意味しており、青春をめぐる過渡的状況の反映と見ることもできる。

もう一つ、当時の高校生の青春を「瀕死」と表現した『朝日ジャーナル』（一九七四年七月二六日号）の記事についてもふれておきたい。同号の特集「高校生――瀕死の青春群像」は、当事者である高校生たちの手記をメイン記事として取り上げ、受験戦争にあえぐ彼ら・彼女らの姿を描いている。わずか一〇年ほど前には社会問題であった「高校全員入学」は現実のものとなり、この時期すでに高校進学率は約九割に達していた。だが、それは高校の明確な序列づけをともなったものであったため、偏差値上位校へ進んだ者は大学受験に向けさらなる競争に駆られ、そうでない者は「落ちこぼれ」の鬱屈を抱えながら高校生活を送っていた。記事に表れていたのは、夢も希望もなく虚しいとため息をつく高校生たちの、まさに「瀕死の青春」である。[20]

学校は面白くない。週の後半になると嬉しい。僕（僕ら）はいつも「何か面白いことないかな」と思っているのだが、学校生活では明らかに行動は決まっている。もし、本当に「何か」をやりたい人間なら完全に学校を無視して、自分で食っていくはずだ。僕はそれができない。行きたくなくても、面白くなくても学校へ行く。決して優等生でも劣等生でもなく、グレるわけでもない。（RA・都立T高校）

18 概ねこの企画意図に沿った論考が多い中、『されど、われらが日々——』（一九六四年）で芥川賞を受賞し「暫くは、専ら『青春』専門家と見なされてしまった」という柴田翔（一九三五年生まれ）は、「もし、現在、青春ないしは若い人たちの生活が、芸術作品において貧しくしか描き出されていないとしたら、あるいは豊かに描き出す可能性が見つからないとすれば、それは現在の青春が貧しいからではなく、現在の作家たちが貧しいからに他ならない。私たち作家が問うべきなのは、どの題材が描くに値するかということではなく、どんな素材の中へも食いこんでその中に描くべきものを見出せるだけの鋭い問いかけを自分の心が持っているかという、ただそのことだけなのである」と、この特集意図そのものに異を唱えていた（柴田翔「青春が貧しいからでなく……」『シナリオ』一九六六年一〇月）。

19 ただし久野はそうした青春の退廃や消滅の原因は一部の大人たちによる「老人支配」にあるとし、若者側のせいであるとは見ていない。

20 引用資料の原文では氏名・校名が実名で表記されているが、ここではイニシャルに変更した。

思うに、高校生活最大の目的、意義、そして青春といわれるものは、勉強か遊びかのどちらかではないだろうか。どちらかに割り切ってそれを実行している人は、おそらく悔いは残らないのでは……。工業高校へ入ってしまい、そして今勉強にすべてをかけているでもなく、遊びに心から楽しさを感じるでもないぼくは、完全に負け犬となってしまっているのでは。（JU・愛知県立H工高校三年）

青春の二文字はなんと空虚な響きを持って聞こえることか。いったいボクたちをこんなにしてしまったのは何だろうか。世間から二流校という不当で偏向的なレッテルをはられたことの挫折感か、それとも現代の教育はこういう人間を作るように出来ているのか。（SA・大阪府立S高校）

こうして見てくると、一九七〇年代に青春は完全に終わってしまったかのように思えてくる。しかし、本当にそうなのだろうか。たしかに、青春を好んで描いてきた映画界も、テレビの爆発的普及によって高度成長期以降は斜陽化していった。しかし、この時期以降、まさにそのテレビにおいて、青春は頻繁にテーマとして取り上げられていくこととなる。そう、スポ根ドラマも含むいわゆる「青春ドラマ」の量産である。ここから、青春はどのように変容していったのだろうか。

第三章

メディアに息づく「青春」

近代イデオロギーの一つの象徴だった「かつての青春」は、日本では一九七〇年代、高度経済成長の終わりと連動するように消失したとされる。このあたりから、かつての青春と密接に結びついていた「青年」という言葉は堅いお役所言葉のようなイメージになって段々と使われなくなり、代わって「若者」という呼び方が主流になっていく。[21]以後、若者はその文化や価値観の側面に注目が集まり、世代論の枠組みで語られることが多くなる。この時代以降、高校進学率が九割を超え、大多数の者は一〇年以上におよぶ長い学生時代を過ごすようになった。そ

21　社会学のなかで若者文化論が本格的に語られはじめたのは、一九七一年の『社会学評論』第二二巻第二号の特集「青年問題」であったという（片瀬一男　二〇一五、一三頁）、（木村　二〇二一、八－九頁）。ただ、この段階ではまだ青年という言葉が使用されていたところに、過渡期的な時代状況が見て取れる。

れに加えて経済的な豊かさも獲得した若年層は、送り手としても受け手としても消費文化の主役となっていく。若者による、若者向けの、若者イメージ消費が本格化していったわけである。

この章では、「青春の終焉」以後の青春について、特にそれがメディアコンテンツとしてどう取り扱われてきたかを概観したい。本題である「青春をめぐる語り」になかなか入らなくて恐縮だが、個々の「語り」の布置を理解するためには、やはり背景の「図」をもう少しはっきりと把握しておく必要があると思うのである。

政治の季節のあと、テレビドラマがやってきた——六〇—七〇年代

「かつての青春」が描かれる主要な舞台であった文学と映画は、前章で見たように、一九六〇年代にはともにその影響力を減退させていた。代わってメディアの主役に躍り出たのはテレビである。

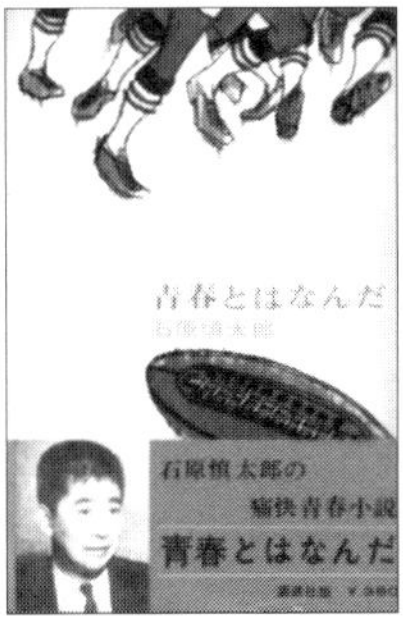

青春学園ドラマの嚆矢となった『青春とはなんだ』の、石原慎太郎による原作、初版（講談社、1965年）

そのテレビにおいて、一九六〇年代の中ごろから、青春をテーマにしたテレビドラマが頻繁に制作・放映されていった。中心になったのは日本テレビで、石原慎太郎（一九三二—二〇二二年）の小説を原作とした『青春とはなんだ』（一九六五—六六年）が、皮切りである。以後、『こ

れが青春だ』（六六―六七年）、『でっかい青春』（六七―六八年）、『進め！青春』（六八年）、『おれは男だ！』（七一―七二年）、『飛び出せ！青春』（七二―七三年）、『われら青春！』（七四年）、『青春ド真中！』（七八年）と、タイトルを見るだけで熱（苦し）いドラマが量産されていった。[22]

どんなドラマだったのか。脚本家の岡田惠和（一九五九年生まれ）は、定型化されていたこれらの青春ドラマのあらすじを次のようにまとめている（岡田惠和「TVドラマ・メモリーズ（19）青春ドラマとはなんだ（1）」『図書』二〇〇四年九月号）。

型破りな新人教師が、とある学校（たいてい海の近くの高校。「青春」はやはり「海」らしい）に赴任してくる。そこには、リベラルなんだけれども力の弱い校長がいて（新人教師を学校に呼んだのは、その校長だったりする）、野心家で、俗物そのものの教頭がいる。（…）そして、その教頭にくっついているコバンザメのような教師。マドンナ役の、どこか真面目で堅い美人教師がいる。

主人公の教師が受け持つのは、問題児だらけのクラス。なぜそのクラスに問題児ばかり

22　これらの作品のすべてに企画ないし制作で関わっていたのが、日本テレビのプロデューサーだった岡田晋吉（一九三五年生まれ）である。岡田がここまで青春にこだわった背景には自身の青春に対するコンプレックスがあったといい、これもまた大変興味深いのだが、詳細はこうたきてつや「テレビドラマ変革の証言史　第五回　日本テレビ青春ドラマ史（上）」（『月刊民放』二〇一五年七月号）、同「テレビドラマ変革の証言史　第六回　日本テレビ青春ドラマ史（下）」（『月刊民放』二〇一五年八月号）に譲りたい。また、岡田が携わった青春ドラマについての本人による回顧として、岡田（二〇〇三→二〇二一）がある。

がいるのかは謎だが、まぁそういうことになっている。そして主人公は、いきなり黒板に、あるスローガンを書く。たとえば、「レッツ・ビギン」——とにかくなにかを始めよう！

最初は「ケッ！」とか言って当然反発している生徒たちなのだが、さまざまな出来事を通じて、熱く、生徒思いで、涙もろい教師を信頼していく。

教師は、クラブの顧問にもなる。これが、なぜかサッカー部かラグビー部なのだ。しかも、ドラマが変わるたびに、交互にサッカー、ラグビーとなっている。

いかにも、という感じである。海、夕日、スポーツ、汗、涙、友情……。これらの要素から、我々が「青春」という言葉をイメージするのはたやすい。明らかに今となってはベタ過ぎるほどベタではあるが、逆にいえば、それだけこれらのドラマが描いた青春のイメージは、強力な影響力を放ったということでもある（だからこそ、八〇年代にはそれが「ダサさ」「クサさ」の象徴になる）。同時代には、『柔道一直線』『アタック№1』『サインはV』などのいわゆるスポ根ものも人気を博しており、これらがイメージとしてスポーツと青春との結びつきを強化したのは間違いないだろう[23]。

岡田恵和が「根底には夏目漱石の『坊っちゃん』があるのはまちがいないと思うのだが」（前掲）と書くように、これらのドラマが描く青春のありようには、「かつての青春」との連続性がある。

特に、努力で苦難を乗り越えていくという点は、きわめて伝統的なイメージに近い。だが、最初は不良だったり無気力だったりする生徒たちが最終的には成長し丸く収まるので、本質的なアウトローが存在しないというのが、テレビの青春ドラマの特徴である。[24]岡田はその理由を「映画と違って、基本的にテレビは最大公約数の人にむけてつくるので、支持されやすい、共感されやすい人物を中心に描くということにどうしてもなってしまう」からではないかという（岡田恵和「TVドラマ・メモリーズ（20）　青春ドラマとはなんだ（2）」『図書』二〇〇四年一〇月号）。

つまり、これらの青春ドラマによって量産された青春イメージは、「かつての青春」からその暗さや悲劇性、逸脱性を脱色したものだといえるだろう。時代は、学生運動の高揚とその急激な退潮により、「政治の季節」から「しらけの時代」へと変わっていったころである。青春から「革命」などの政治性が失われていった現実と、フィクションにおける青春は連動していたのだ。

23　さらにいえば、『巨人の星』『あしたのジョー』『エースをねらえ！』などのコミック・アニメ作品もこうした流れと無関係ではない。少年漫画においては、この後もしばらく「男の生き様」をテーマとするような作品が主流で、「日常」や「ラブコメ」が登場してくるのは七〇年代後半から八〇年代にかけてのことであるという（伊藤剛・東浩紀「ラブコメと青春のゆくえ」『ユリイカ』二〇一四年三月号）。

24　この点については、同時代にも次のように指摘されている。「テレビで青春ものと呼ばれる番組では、若者は大人たちから理解されることを求め、大人もまた、若者たちから理解されることによってニコニコする、ということが、しばしば非常に重要なモチーフになっている」（佐藤忠男「心の内側の探求の旅――映画・テレビにおける青春の表現」『朝日ジャーナル』一九六八年六月一六日号）。

ダサさの象徴——八〇年代

一九七三年のオイルショックを機に高度経済成長は終わり低成長期に入ったわけだが、とはいえすでに日本社会は経済大国となり十分に豊かな社会となっていた。大学進学率も四割近くに達し、大学生はもはやエリートではなく「普通の若者」と化していた。ただ、その大学進学を目指す受験競争そのものは過酷で、前章でも紹介したように当時の高校生活は「瀕死の青春」ともいわれた。だからこそ、その反動で大学生活がモラトリアム化したのだといえなくもない。まともに授業に出ず遊び呆ける学生が目立って「大学のレジャーランド化」が指摘されるようになったし、逆に目標を見失い無気力となる学生の存在も問題視され始めた。

こうして、七〇年代から八〇年代にかけて、それまでより格段にカネとヒマ（と学歴社会への鬱屈）を持つようになった若者が、新たに消費社会のターゲットとなっていった。それを最も端的に示すのは、音楽文化の主たる担い手が若者となったことだろう。

もちろん、もっと前の時代からロカビリーやグループサウンズなど、若者を主なファン層とする音楽はあった。だが、これらは当時にあっては不良性と結びついたものであり（エレキギターを持っているだけで不良といわれた時代!）、ごく当たり前の青春とはやや言い難い面もあった。そこに、一九七〇年前後から、吉田拓郎（一九四六年生まれ）や井上陽水（一九四八年生まれ）、中島みゆき（一九五二年生まれ）、荒井由実（現・松任谷由実、一九五四年生まれ）などの「シンガーソン

1960年代後半以降のフォークソングブーム、若者たちは自らの青春を自らの言葉で歌い、表現することに惹かれた。書影は『われらフォーク世代』山本コウタロー他（荒地出版社、1975年）

グライター」が登場し始め、若者自身が作詞作曲し若者の気分を歌う音楽が支持を集めるようになった。作詞家・作曲家の大先生について修業して一人前になって……というルートではなく、粗削りであってもありのままを表現することが同世代に訴求するようになったわけである。

さらに、七〇年代末には、「ミニコンポ」やSONYのウォークマン発売などによって、若者の音楽消費がより日常的になっていく。これらの機器は音質の面ではさほど優れたものではないため、クラシックやジャズなどの鑑賞には向かない。そこで、メロディーが際立ってわかりやすいポップスが重宝され、それらが若者の間で人気を博していくことになる。

また、音楽と青春ということでいえば、「アイドル」というジャンルが確立されたことも重要だろう。その象徴ともいえるのが、やはり日本テレビの制作による番組『スター誕生！』（一九七一―一九八三年）である。今と違って、この当時アイドルファンといえば同年代かそれ以下の若者であった。アイドルは、同世代とともに青春を共有する存在であり、それまでのスターとはその人気の質が異なる。[25] アイドルは自身が若いせいもあり、基本的に何を歌っても青春の歌になりえたし、ファンだった人にとっては、のちにそのアイドルがまさしく「青春の一ページ」の象徴となっていくことになる。こうした昭和のアイドルブームは、中森明菜（一九六五年生まれ）や小泉今日子（一九六六年生まれ）、早見優（一九六六生まれ）など「82年組」と呼ばれる一九八二年デビューのアイドルたちによって、一つのピークを迎えた。

こうして、「80年代のJ-POPは、〝青春のきらめき〟に彩られていた」といわれるような事態がおとずれる（田家秀樹「邦楽〝青春〟そのものだった80年代のJ-POP」『小説 野性時代』二〇一一年一月号）。そして、この延長線上に八〇年代後半のバンドブームがあり、のちの時代に続いていく音楽やバンドと青春との結びつきが形成されていったのである。

翻って、大人の保護・管理のもとで導かれる存在としての「青年」と結びついた旧来的な青春イメージは、時代遅れの「ダサい」ものとなった。八〇年代にそのように見られるようになったものの一つに、『NHK青年の主張全国コンクール』（一九五六—八九年。九〇—二〇〇四年は『NHK青春メッセージ』）がある。この番組をメディア史の観点から丹念に読み解いた佐藤卓己（二〇一七）が紹介するように、八〇年代にはタモリ（一九四五年生まれ）が大袈裟な身ぶり口調で青春を語ることの古臭さ・ダサさを笑いのネタにし、とんねるずはその名もずばり「青年の主張」（作詞は秋元康）という歌を出し「ガッツ」「ファイト」「根性」「青春」をこき下ろすようになっていた。軽薄短小の八〇年代といってしまえばそれまでだが、青春という言葉にこびりついた熱（苦し）いイメージは、完全に笑いものにされるようになったのである。

実際、俳優・演出家の木野花（一九四八年生まれ）は、一九八八年に演出した自身の演劇について「〝愛〟、〝青春〟、〝生きる〟というようなほとんどもう死語に近い言葉に市民権を与えたい！が狙い（笑）」と話していた（「死語になりつつある〝愛〟や〝青春〟に市民権を与えたい！」『ａｎａｎ』一九八八年四月一五日号）。語尾に「（笑）」がついているところに、やはり真顔でこういうことをいうのは憚られる雰囲気があったことが読み取れる。また、「青春の巨匠」と呼ばれ、七〇歳を超えた現在でも「青春もぎたて朝一番！」というラジオ番組を持っている森田健作（一九四九年生まれ）は、一九八五年の『婦人公論』で「『青春』という言葉はすごくダサイとかクサイとか思われてるけど、そうじゃないんだということを訴えたい」と、自身の青春論を開陳している（森田健作「『青春』はダサくない」『婦人公論』一九八五年三月号）。わざわざ「ダサくない」と力説しなければならないほどに、八〇年代は青春がダサいものと見られていたことがよくわかる記事である。

「ありのままの青春」が理想に――一九九〇―二〇〇〇年代

それほどまで青春がダサいものと見られたのは、なぜだったのだろうか。一つは、やはり青

25　七〇年代のアイドルは、雑誌『明星』で本名や家族、故郷のようすなどプライベートを比較的明らかにしており、故郷から東京に出てきて夢をつかむといった立身出世物語の枠組みでも描かれていた。このあたりは、やはり過渡期的な青春のあり方を示していて、非常に興味深い。この点について、詳細は田島（二〇一七）を参照。

春という言葉に規範性がまとわりついていたからだろう。つまり、「あるべき青春」への反発である。

それに加えて、大人が描く懐古的な青春イメージへの違和感もあったと考えられる。たとえば、島田紳助（一九五六年生まれ）は自身の初監督作品をめぐるインタビューで、既存の青春映画に対し次のような批判を浴びせている（「島田紳助インタビュー　初監督映画『風、スローダウン』で見せる正しい青春、正しい大阪」『週刊プレイボーイ』一九九一年六月一八日号）。

おとなたちが勝手な理屈で作る若者像っていうんですか。暗い性格をしていて、どこかで世の中に反発してることにしてしまう。

嘘つけっちゅうの。若いやつは悩んでいてもみんなの前では明るく振る舞うし、15や16歳のやつが世の中に反発なんてせえへんて。だって、世の中の事ようわからんもん。何かおもろい事ないかと思ってやってるだけですね。（…）

20歳の頃青春映画を見て、みんな違うと思ってると思うんですね。でもそう思い続けてる人でもいざ監督になって映画を撮る時にはみんなおっさんになってるからね。自分の思いで青春を撮るから、みんな10年以上遅れで冷凍もんの青春映画ばかりになるんですね。

つまり、大人が描く青春像は自分たちにとって心地いい懐古趣味にすぎず、若者もそれに気づいている、だからダメなのだというわけである。ほかにも同時期、「徒党を組んで馬鹿やってた毎日を振り返るだけのアホらしいもの」を「昔は良かった……風の青春映画」と評し、そういう映画を見ると「無性にアタマにくる」と語っている記事が見られる（藤原隆「青春映画＝『あの頃は良かった』的作品という公式を脱却したか？『ラストソング』」『SPA!』一九九三年一一月一七日号）。これまで見てきたように、八〇年代という時代の中で、「かつての青春」は時代遅れの遺物になっていた。その変容に鈍感な作り手の描くノスタルジックな青春イメージは、九〇年代にはバカバカしく嘘くさいものと受け取られるようになったのではないかと考えられる。

逆に、こうした変化をうまく捉え、この時期に支持されるようになったのは「ありのままの青春」「等身大の青春」を描く映画・ドラマであった。たとえば、『キネマ旬報』は一九九〇年一〇月に「青春映画の〝現在〟」と題した特集を組んでいるが、ここでは「一時期の日本の青春映画は永島敏行だった」「自分の内なるパッションとでもいうべきものを引きずりながら、吊け口を求めてさまよう男たち、そしてその青春。いわばそういったものが、これらの映画を貫いていた」のに対し、近年の青春映画は「鮮烈な青春よりも等身大の青春というか、青春の断面をドラマチックに語るよりも、あくまでありふれた日常の中からドラマを掬い取ろうとしているようだ」と指摘されている（高井克敏「『鮮烈な青春』から『等身大の青春』へ」『キネマ旬報』一九九〇年一〇月下旬号）。あるいは、一九九二年六月の『プレジデント』の記事では、『東京ラブストーリー』や『愛という名のもとに』といったトレンディ・ドラマが人気を得ている理由についてて、「古めかしく、むしろ中高年世代が好んで口にし、若い世代からはダサイ、クライと冷ややかに見られていた言葉」である純愛・青春・友情といった要素に、「若者たちが今、共感を覚える」からだと述べられている（勝見明「『トレンディ・ドラマ』に泣く若者たち」『プレジデント』一九九二年六月号）。

ただ、同記事で、これらが「たわいもない内容のドラマ」とも表現されている点は見逃せない。実際、番組プロデューサーであった人物の次のような発言も引用されている。

自分の番組だから、そりゃ嬉しかったですよ。嬉しいけれど、僕も男ですからね、これでいいのかなって。湾岸戦争よりも、恋愛ドラマのほうが大事っていうのがね。でも、別に日本に爆弾飛んでくるわけでないし、やっぱり若い女の子にとって、アメリカとイラクがどうなるかより、リカとカンチがどうなるかのほうが重要なんです。

この発言と「たわいもない内容のドラマ」という表現には、恋愛や友情といった面にスポットを当てることが、青春を矮小化したものであるかのように感じられていたことが読み取れる。特に、「僕も男ですからね」という発言に続けて天下国家の話が出てくるところなど、政治や革命（と男性性）と結びついていたかつての青春イメージが残存しているようすがうかがえ興味深い。「ありのまま」「等身大」の青春が描かれるようになり始めたとはいえ、一九九〇年代はじめには、そこにまだ抵抗感のようなものがあったのだ。

だが、その後は「ありのまま」「等身大」の青春が描かれることが主流化していった。つまり、青春にはドラマチックさよりもリアリティが求められるようになったわけだ。そして、リアリティとは実現可能性への欲望を喚起するものでもある。むしろ「等身大」が青春表象の主流になったことで、これ以降、特に二〇〇〇年代には、かつてのそれとは別の意味で青春が規範的影響力を持つようになったと考えられる。それは、二〇〇四年八月の『オリコン・スタイル』の特集記事タイトル「ドラマみたいな青春したい！」に象徴的に表れている。あたかも「ありのまま」「等身大」のように描かれる青春が、そのリアリティゆえに現実と対比され、むしろ目指すべき理想となるという事態が到来したわけだ（「ドラマみたいな青春したい！」『オリコン・スタイル』二〇〇四年八月三〇日号）。

この時期、映画では『ウォーターボーイズ』（二〇〇一年）、『スウィングガールズ』（二〇〇四年）、『リンダ リンダ リンダ』（二〇〇五年）など、テレビドラマでは『木更津キャッツアイ』（二〇〇二年）など、当時「NEO青春モノ」と呼ばれた作品が次々と制作され、いずれも好評を得ていた。[26]これらの作品はいずれも「信じること」「諦めないこと」がキーワードになっていると指摘さ

26　映画から始まった『ウォーターボーイズ』は二〇〇三―二〇〇五年にかけテレビドラマ化され、逆にテレビドラマから始まった『木更津キャッツアイ』は二〇〇三年と二〇〇六年に映画化されている。

れており（えびさわ なち「oricon style 読者2023人に聞いた いつだって憧れるMy青春ドラマ・映画BEST10」『オリコンスタイル』二〇〇四年一〇月一一日号）、その点だけ見ればむしろ従来の青春との連続性を感じる。[27] では、何が「NEO」だというのか（以下、同記事より引用）。

かつて映画でもドラマでも、青春モノといえば「涙と汗の熱血物語」のようにド根性物語が描かれたけれど、今はちょっと違う。オトナになるにつれて置き去りにしてしまった純粋な心が描かれている。オトナは、裏切られた時が怖くて本能的に自己防衛するようになってくる。つまりまっすぐに人を信じたり、夢を信じたり出来なくなるものなのです。NEO青春モノの登場人物たちは純粋がゆえに怖いもの知らず。強い信念で未来を信じる。目標を諦めない。挫けそうになっても、ぐっと頑張れる。だからこそキラキラ輝く。視聴者はみんな、本当はそうありたいのではないか。自分の信じる道を、諦めずに進みたい。そしてキラキラと輝きたい。だからNEO青春モノに心惹かれるのだ。

つまり、NEO青春モノにおいて重要なのは、成功や挫折といった結果の如何ではなく、純粋な心で何かに取り組んでいるかどうか、その心のありようにあるというのだ。[28] まるでこの時期の「ゆとり教育」における「意欲・関心・態度の重視」を連想させるが、同時代のことゆえあながち無関係でもないのかもしれない。ともかく、このNEO青春モノと呼ばれた一連の

椎名軽穂の漫画原作の映画化『君に届け』(熊澤尚人監督、東宝、2010年)

作品群には、青春が成功や社会的意義といった「意味」に支えられずとも成立するようになった、つまり青春が自己充足的な価値を持つようになったことが、はっきりと表れているだろう。[29] ここでは、青春は大人への準備段階ではなく、「大人になると失われる大切な何か」の象徴と見なされており、童心主義[30]との連続性を見て取ることができる。つまり、大人でも子どもでもない期間である青春は、かつては成熟へ向かう過程として大人側から意味づけられていたのに対し、二〇〇〇年代には子ども側に引き寄せて価値づけられるようになったのである。

27　実際、前出の岡田惠和は『ウォーターボーイズ』シリーズについて、「爽快なほど、いまの話とは思えない」「美しい青春ドラマの香りがする」「私の世代には、「青春シリーズ」を思い起こさせる」と、一九六〇—七〇年代の青春ドラマとの親近性をくみ取っている(前掲、岡田「TVドラマ・メモリーズ(20)」)。

28　実際、『ウォーターボーイズ』『スウィングガールズ』を監督した矢口史靖(一九六七年生まれ)は「勝ち負けって、とてもマッチョな感じがして。みんなでビクトリーに向かっていくよりは、楽しくできればいいじゃん、ていう方が好きなんですよ。成し遂げるだけで十分だと思うんですよね」と語っている(「〝イマドキ青春映画〟の作り方　矢口史靖監督」『オリコンスタイル』二〇〇四年一〇月一一日号)。

29　宇野常寛(二〇〇八)第一四章を参照。宇野はこのことを、他人(社会、歴史)の与えるロマンから日常の中に存在するロマンを自分で掴み取るというスタイルへの変化である、と指摘している。

30　童心主義とは、純真・無垢といった子どもらしさ(=大人になると失われるとされる美点)を尊重する価値観のこと。これも、近代になって西洋の中産階級家族において誕生し、のちに一般化した観念であり、普遍的なものではない。

二人の世界で成り立つ青春——二〇一〇年代

一方、特に女性をターゲットにした青春ものの潮流として、ケータイ小説や少女マンガ、恋愛小説などを原作とした映画・ドラマ作品が、やはり二〇〇〇年代半ばから目立つようになる(代表的なものとして、新垣結衣主演の映画『恋空』(二〇〇七年))。この延長線上に、二〇一〇年代には「キラキラ青春映画」「キラメキ青春映画」などと呼ばれる作品群が、多数制作された。特に二〇一四年前後から多く制作されるようになったこれらの作品群は[31]、少女マンガや小説を原作とした、基本的には高校生を中心とした恋愛ものの映画である(一時期流行した「壁ドン」「顎クイ」などは、これらに由来する)[32]。

このように、二〇〇〇年代以降にメディアコンテンツとして描かれ多くの支持を集めた青春イメージは、学校の中へ、さらに恋愛という個人関係の中へと、その範囲を狭めていく傾向にある。極めつけは、「アオハルかよ。」をキャッチコピーとした、日清食品カップヌードルのCMシリーズ「HUNGRY DAYS」であろう。二〇一七―一八年にかけて展開されたこのシリーズの最終編は、隕石が衝突し怪獣が出現し街が壊滅する映像をバックに、それとは全く無関係に高校生カップルが愛を告白するという内容となっていた。青春の極小化まさにここに極まれりといった趣で、現代の青春は外部世界との関わりを一切必要としなくても成立し得るものとなっているかのようである[33]。

二〇〇〇―一〇年代に描かれたこうした青春イメージは、若い世代の間ではすっかり浸透しているものと見られる。[34]この傾向は、若者の「内向き志向」「コンサマトリー化」などといわれ、しばしば批判の対象となった現実の事態とも対応的であるが、その関連性を断定するまでの材料は持ち合わせていないので、ここではそのことを指摘するにとどめておきたい。

しぶとく生きのびるビルドゥングス・ロマン

こうして見てくると青春はすっかり様変わりしてしまったようだが、実は案外そうでもないところがあるのが面白い。そうでもないというのはつまり、「かつての青春」に連なる要素は

---

31 元『キネマ旬報』編集長の関口裕子による記事によれば、少女マンガや恋愛小説を核にした映画は、一四年に六本、一五年に九本、一六年には一二本が制作され、一七年には一月の時点でわかる限り一四本が公開予定だったという（関口裕子「キラキラブーム到来！　ヒットの理由と新しい扉」『キネマ旬報』二〇一七年一月下旬号）。

32 こうした作品が量産されるようになった背景には、シネコンの増加による女性層取り込みの必要性、テレビドラマで学園ものを扱うことが商業的に難しくなった（テレビのメイン視聴者層が高齢化した）ことなどがあったといわれている（前掲、関口「キラキラブーム到来！　ヒットの理由と新しい扉」、泊貴洋「アイドル・女優が輝くキラメキ青春映画の系譜」『日経エンタテインメント』二〇一五年三月号）。

33 しかし、これが「青春」ではなく「アオハル」と表現されていることの意味は深長かもしれない。「アオハル」という言い方は、二〇一〇―一三年に集英社から刊行されていた雑誌『アオハル』や、二〇一一―一五年にやはり集英社の『別冊マーガレット』で連載されていた咲坂伊緒『アオハライド』が元ネタであるといわれ、青春よりもさらに、「初々しさ」「思春期」「若さ」「未熟さ」「エネルギッシュ」が強調された言葉だとされている（https://woman.mynavi.jp/article/210611-15/）（二〇二三年三月一九日閲覧）。

34 電子書籍ストア「BookLive!」が二〇一九年八月に会員を対象として実施した「〝青春〟に関する意識調査」の結果によれば、青春は「夏」「部活（特に運動部）」「恋愛」といった要素にそのイメージが集約されていることがわかる（https://prtimes.jp/main/html/rd/p/000000061.000022823.html）（二〇二一年一一月五日閲覧）。

完全に「終焉」してしまったわけではなく、現代の青春イメージの底流にもしぶとく生きのびているからである。

それがよくあらわれているのは、二〇〇〇年代半ば以降に再び注目を集めるようになった青春小説の動向である。青春小説においても、性関係や逸脱性を脱色した「NEO青春モノ」の路線に近い作品は、二〇〇〇年代半ば以降によく見られるようになる。あさのあつこ（一九五四年生まれ）や朝井リョウ（一九八九年生まれ）などが、その代表的な書き手であろう（いずれも、ただ爽やかなだけの作品を書くわけではないが）。その一方、「趣味を共有する若者たちや部活動を描くキャラクター小説としての『青春小説』が花盛りだが、一時期の女性雑誌の『モテ』『愛され』イデオロギー並みの『友情』イデオロギーでムンムンしていて息苦しい」という指摘も見られる（千野帽子「暗黒青春小説ブックガイド」『小説すばる』二〇一〇年五月号）。同記事で「暗黒青春」を示すものとして挙げられている項目は、「バカ」「友達ゼロ」「死にたい」「考えすぎ」「ブサイク」「貧乏」「非モテ・童貞」「人間として最低」「犯罪・暴力」「オタク」であり、「かつての青春」との連続性を感じさせる「闇」あるいは「病み」の要素が、青春小説のジャンルでは息づいていることがわかる。[35]

さらに、もっと直接的に「かつての青春」との連続性が見て取れるものもある。たとえば、青春小説の書き手でもある石田衣良（一九六〇年生まれ）は、青春を「危険と同義語」「生涯でもっとも危険な時期のひとつ」だといい、「青春なんて、楽しく爽やかで、生きいきしていてなんて、フィフティーズのポップスのようにいくはずがありません」としている（石田衣良「生涯でもっとも危険な時期」『野性時代』二〇〇五年六月号）。主人公が「さまざまな障害をのり越えることによって成長」する過程が「青春小説の骨格だと思うのです」とも書いており、このイメージはビルドゥングス・ロマンの流れにあった「かつての青春」文学を彷彿させる。また、二〇〇八年二月の『中央公論』では、かつて『僕って何』（一九七七年）で団塊世代の青春を描いた三田誠広（一九四八年生まれ）らが、青春小説と青春の変容について批判的に議論する記事が載っている（三田誠広・井口時男・中沢けい「恋と革命の小説はどこへ行ったか」『中央公論』二〇〇八年二月号）。

このように、青春小説の動向を見ると、「かつての青春」が決して亡びきったものではないことも見えてくる。また、小説以外に目を向けてみても、汗と涙と努力で栄光を勝ち取るといった意味での「かつての青春」への渇望は残存していることがわかる。象徴的なのは、ももいろクローバーZのブームだろう。二〇〇八年に結成されたこのグループは、AKB48全盛期に泥臭いドサ回り興行からスタートして徐々に人気を集め、遂には紅白歌合戦出場（二〇一二年初出場）など大舞台への進出を果たした。「かつての青春」イメージそのものともいえるその立身出世物語は、それまでアイドルに関心を向けなかった中年男性（！）にアピールしたといわれ

35　一九八九年の創設時から「坊っちゃん文学賞」の選考委員をつとめていた高橋源一郎（一九五一年生まれ）は、二〇〇七年の第一〇回あたりまでは現代の元気な女子高生（坊っちゃんならぬ「嬢ちゃん」）を描く作品があったのに、しばらくすると終戦直後の遠い昔の青春か、現代のいじめと引きこもりの話に応募作が二分化してしまった、と語っている（関川夏央×高橋源一郎「『坊っちゃん』の青春、現代の青春」『文學界』二〇一六年一二月号）。

ており、このような物語を求める層が現代でも少なからず存在することがわかる（ちなみに、ももクロが二〇一七―一八年に敢行したツアーのタイトルは、何と「青春」であった）。

こうして見ると、不変の要素と変化していく要素との混ざり合い加減が、その時代ごとの「青春」のありようを決めているのかもしれないと思う。

第四章 いつか振り返る日のために

前章までの記述で、青春の時代的変化については、おおざっぱに把握できたと思う。とはいえ、ここまで見てきたのはあくまでもメディアに描かれた青春のありようであって、いわばそれぞれの時代における青春の理想像である。そこで提示されたイメージは人々にどう受け止められたのか、そしてそれは実際の青春のあり方にどう影響を与えたのだろうか。本書のテーマの本丸は、そちらの方である。

そこで、ここからは、青春をめぐる「語り」の方に視点を移して、そのようなことについて考えていきたい。まず本章では、ストレートに「青春らしい」「青春っぽい」とはどういうことかについて見ていこうと思う。「青春らしさ」「青春っぽさ」の裏側には、当然「青春らしくない」もののイメージが貼りついているのだが（そしてそちらの方が個人的には面白いのだが）、それはもう少し後のお楽しみということにしておきたい。

成長物語の残滓

いま簡単に「青春らしい」「青春っぽい」という言い方をしたが、この二つは微妙にニュアンスが違う。「○○らしい」という表現は、人（の集団・組織）に対して使われる場合、そこに評価の視線が混じっている。具体的には、「男／女らしい」「若者らしい」などだ（「春らしい陽気」のように、人以外に用いられる場合は割と中立的）。つまり、「○○らしさ」とは単に標準とか典型を示すだけでなくて、そこからの逸脱に対するマイナス評価を含み持っている。対して、「○○っぽさ」という表現にはそのような規範性はあまりなく（ゼロというわけではないが）、○○に似ている・近い・共通点が多いといった程度のニュアンスである。

青春についても、同じことがいえる。すなわち、「青春らしさ」とは青春のあるべき姿という規範性に結びつくのに対して、「青春っぽさ」はイメージされる青春との類似性・共通性を意味している。これにならえば、「青春らしさ」が次第に後景に退き、かわって「青春っぽさ」が重要な意味を持つようになってきたのが、一九八〇年代以降の変化であったということができる。典型的な青春のイメージは、抽象的なものから個別具体的なものへと移り変わってきた、という言い方をしてもいいだろう。

では、まず「青春らしさ」の方から見てみよう。これは端的にいえば、これまで見てきた「かつての青春」のイメージのことである。青春は希望とエネルギーと純粋さに満ちているが、一方で不安・悩み・挫折（特に大人世代との衝突や反抗）を往々にして伴う不安定な過渡期であり、それらを乗り越えてこそ人間として成長できる、というイメージだ。これまでの研究では、このような意味での青春は一九七〇年代に消え去ったとされてきたが、前章のラストで見たように、そのような理解は必ずしも正確ではない。実際、資料を読み込んでいくと、「かつての青春」イメージの残存はかなり後の時期になっても確認することができる。

たとえば、一九五二年生まれの歌手さだまさしは、自伝的小説『精霊流し』がドラマ化された際のインタビューで、「人間、誰しもコンプレックスがありますよね。それをどう乗り越えていくのか、それが青春の必然というか、〝行《ぎょう》〟だと思うんです」「生きるということは、青春の紆余曲折から生まれる何ともいえない苦さ、辛さ、甘さなどのハーモニーなんだよ」と語っている（「ドラマ『精霊流し〜あなたを忘れない』原作者・さだまさしインタビュー」『ステラ』二〇〇二年一一月一五日号）。あるいは、一九六二年生まれの作家であるドリアン助川も、一九九八年のインタビューで「何事も中途半端でやっていたら挫折はないでしょう。激しく立ち向かった者

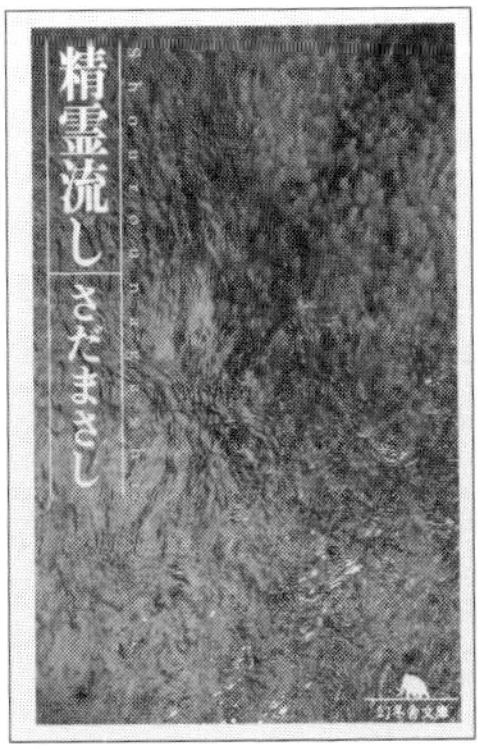

『精霊流し』さだまさし（幻冬舎文庫、2003年）

だけが本当の挫折を得られると思うんです。挫折しないような青春は送るなと言いたいですね」と語っている（「挫折を得られるような青春のほうがいい　ドリアン助川」『週刊プレイボーイ』一九九八年五月五日号）。

もっと時代が下っても同様で、学生生活の日常的・個人的経験が青春イメージの中心となっていった二〇〇〇―一〇年代になっても、「かつての青春」イメージの影響を垣間見ることができる。たとえば、現代における青春小説の第一人者ともいうべき朝井リョウと、同じく青春を題材とした作品を多く描く漫画家の今日マチ子は、創作のモチベーションは「痛み」「傷」であるとして、対談で次のように意気投合している（「朝井リョウ×今日マチ子　対談　青春のひかりを切り取る」『小説すばる』二〇一二年二月号）[36]。

朝井　そもそもの話なんですが、今日さんは、青春をテーマにした漫画を多く描かれてらっしゃいますが、何か理由はあるんですか。

今日　私は青春を描いているといっても、具体的な青春ではなくて、ファンタジーというか、そういう要素がかなり強いですね。大人になってもずっと持ち続けている「痛み」みたいなものを、少年少女という形を通して描いているんです。

朝井　分かります！　大人になっても覚えている輝きや、思い出したくないくらいの傷が青春にはありますよね。そういうことを、高校生を通して書いているなというのはあります。

さらに、二〇一〇年代の「キラキラ青春映画」の旗手の一人である映画監督の三木孝浩（一九七四年生まれ）は、自身が青春映画を撮ることにこだわる理由を、「答えはいたってシンプルで、人が一番成長する時期だから、という認識が僕の中にあるからです。友人、家族、あるいは恋人と関わる中で、主人公たちがどう成長していくかが、自分の一番描きたいところなので、おのずと青春映画に惹かれるんでしょうね」と語っている（「『ぼくは明日、昨日のきみとデートする』三木孝浩〈監督〉インタビュー」『キネマ旬報』二〇一七年一月下旬号）。一見すると「かつての青春」とは切り離されたかのように思える二〇一〇年代の恋愛映画も、そのベースにはこのような青春と成長の結びつきがあるのだ。このように、挫折や痛み、それらを乗り越えての成長といった、「かつての青春」と連続性の強い要素は、青春の中心的イメージではなくなったもののの、現代にいたるまで底流として存在し続けていることがわかる。

では、一体何が変わったのか。この点について、評論家の池上冬樹（一九五五年生まれ）は、石坂洋次郎（一九〇〇—一九八六年）が描いた時代、すなわち一九四〇—五〇年代の青春小説には「親に代表される旧世代との戦いという構図」があったのに対し、二〇〇三年に芥川賞を受賞した綿矢りさ（一九八四年生まれ）『蹴りたい背中』や金原ひとみ（一九八三年生まれ）『蛇にピアス』を引き合いに出して、「いまや同世代同士での葛藤という小説が主流になってきた」と指摘し

36　今日マチ子は生年非公表だが、一九八〇年代生まれと思われる。

ている（池上冬樹「『夜のピクニック』の世界――影があってこそ青春は輝く」『野性時代』二〇〇六年一〇月号）。

そういえば、第二章で見たように、「かつての青春」は政治や革命と結びついたものであった。つまり、挫折や苦悩をもたらす相手は、旧世代の大人が牛耳っている社会や国家だったのである。二一世紀においてそれらは、池上がいうように同世代間で発生するものになった。このことが、次に見る具体的レベルでの「青春っぽさ」と大きく関わってくることになる。

何はともあれ、部活と夕日、そして恋愛

「青春っぽさ」とは何か。ずばり、それは「学生っぽさ」である。当たり前といえば当たり前だが、学校生活にまつわるものごとが、青春のイメージには強く結びつけられている。ただし、そこに授業や勉強が絡んでくることはあまりない。語られるのは、部活や学校行事、友達、恋愛など、「学生の本分」からすれば周辺的な領域である。だが、青春にとってはそれこそが重要なのだ。

ただし、こうした要素が青春イメージを形作るものとして堂々と語られるようになったのは、意外に最近のことと思われる。筆者が今回集めた資料の中で最も古いものは、『LOVEマシーン』で一世を風靡する直前のモーニング娘。が『JUNON』の座談記事で語っていたものだ（「激論！青春時代をどう生きるか？　モーニング娘。のアンチ優等生宣言」『JUNON』一九九九年四月号）。こ

こでは、「部活とかで頑張ってる姿」（福田明日香）、「初恋のトキメキって感じ」（保田圭）、「夜遊びっていうか、家を抜け出して、友達と遊んだり」（安倍なつみ）などが、青春のイメージとしていわれている。この頃すでにこうしたイメージがある程度定着していたということであり、この記事がその起源だというわけではない。ただ、時期的には前章で見た時系列変化と大体合っているし、これ以降は同様の青春イメージが頻繁に語られていくことになる。

そして、もう一つポイントになるのが夕日である。先の記事でも安倍なつみ（一九八一年生まれ）が開口一番「青春といえば、夕日でしょ!?」といっていたが、ほかにも、田中樹（一九九五年生まれ、現 SixTONES）が「夕日を見ながら語り合っちゃう」（「森本慎太郎×京本大我×田中樹×髙地優吾」『POTATO』二〇一三年一一月号）ことを青春のイメージとして語ったり、乃木坂46（当時）の西野七瀬（一九九四年生まれ）が「文化祭でピーターパンの劇をやったとき、小道具とかを作るのに放課後毎日、遅くまで残ってて。帰るとき、渡り廊下を歩きながらみんなで夕日を見たの、青春だったなぁ」（「映画『あさひなぐ』出演の乃木坂46メンバーにしつもん　西野七瀬×生田絵梨花×伊藤万理華〝青春〟ってなんですか?」『Seventeen』二〇一七年一〇月号）と振り返ったりしているように、夕日は青春にとって非常に重要なポイントなのだ。

こうした部活や夕日といった要素が、一九六〇―七〇年代のテレビドラマによって形成されたイメージを継承しているのは明らかである。恋愛も、その意味合いは若干異なるものの、やはり「かつての青春」においても重要な意味を持っていた。だから、いずれも要素としてはそれほど目新しいものではない。ただ、これらは必ずしも挫折や成長などと意味的に結びついているわけではなく、それ自体が青春の象徴として捉えられている点に、二一世紀的な特徴があるといえる。

部活や恋愛が「かつての青春」と連続的なのは、ドラマチックな物語に結びつきやすいからである。逆に、「かつての青春」は物語を必要としていたから、そういった要素に関連づけられやすかったという方が適切かもしれない。いずれにしても、そのようなドラマ性を抱えていない要素であっても、それが学校生活に関わるものであれば青春のイメージにつながるようになったのが、ある意味で真の二一世紀的青春のありようである。

それを象徴的に示しているのが、作家の新城カズマ（一九五一年生まれ）が語っているエピソードだと思う。新城は同じく作家の辻村深月（一九八〇年生まれ）との対談で、自分では「多分おれは暗いんだろうな」と思っていた青春時代の話を若い人にした際、「なんてリア充なんですか」といわれ驚いたと話し、その理由を次のように語っている（辻村深月×新城カズマ「青春を〝生き延びる〟ということ」『小説すばる』二〇一〇年五月号）。

青春時代に仮に暗いにせよ、何かエピソードがあるだけで、今はリア充と言われるらしくて。

例えば私の場合、高校の学園祭のときに、クラスで出し物がないから、修学旅行の記録映画でも作ろうってことになって。みんなが騒いでいるのを、記録係としてずーっとカメラを回しているわけです。「これは人から見りゃ、多分暗い仕事なんだろうなー」なんて思いながら。それで映画を作って、みんなで上映会をしたんですよって話をしたら、「リア充だ」って。

つまり、人に話せるような学生時代の具体的エピソードがあれば、「青春っぽい」青春（引用中では「リア充」）として評価されるのである。新城の発言に対し、辻村は「それはリア充だって言われますよ。映画作っていて楽しそうですし、何かクラスの中にちゃんと居場所がある感じがする」と返答しているが、これも重要なポイントだろう。要するに、学校あるいはクラスの中で自分のポジションが確保されており、それゆえに学生生活が充実している（ように見える）ことが「青春っぽさ」の前提条件なのである（だからこそそれを欠くことが不遇な青春として捉えられ、それにまつわる語りを量産するのだが、これについては次章以降で）。

記録と美化――ミッションに賭ける

この前提をふまえた上で、学生生活の「定番」をクリアしていくことが、二一世紀的青春だといえる。象徴的なのは、二〇一〇年代後半の『Seventeen』にしばしば登場する、青春の思い出作りに関する記事だろう。たとえば、「青春の思い出たくさん作りたーい!!」と題した記事では、「LJKにやりたいこと20[37]」として、「彼の部活待ち放課後デート」「告白されたい」など恋愛にまつわるもののほかに、「売店ダッシュでパンを買う!」「黒板にラクガキ!」「屋上でお弁当」など、どうということのない（だが、いかにもドラマの場面に出てきそうな）ことが並べられている[38]（「ゆめりんくまーしゅがLJKにやりたいこと20　#JKブランド終了まであとわずか（涙）青春の思い出たくさん作りたーい!!」『Seventeen』二〇一九年二月号）。翌年の記事でも、ほぼ同じテイストで「廊下でおしゃべり」「校庭で思いっきり遊ぶ!」「授業中に絵しりとり」など、やはり何でもないような日常が「JKのうちにやりたい」こととしてピックアップされている（「かやでぐがJKのうちにやりたい17のコト。アオハルな高校生活、やり残したこと2人でやっちゃえ」『Seventeen』二〇二〇年二月号[39]）。

このように、近年では「学校での何気ない日常」が青春を形作るものとして捉えられている（その前提として学校に居場所があることが必須）。そのことの背景にあるのは、明らかにスマホの普及だろう。高性能なカメラがいつでも手元にあり、撮影した画像はすぐSNSにアップすることができる時代。つまり、日常を記録し発信することが容易になったからこそ、それらが持つ意味が一段と増したと考えられる[40]。「青春っぽい」写真を撮るテクニックを紹介する「青春フォトLesson　マネするだけで思い出美化できます!」（『Seventeen』二〇一六年三月号）と題した記事は、そのことを端的に示していると思う[41]。一つ一つ「青春っぽい」ことをやって、記録に残し、意図的に「美化」していくこの感じ。あたかも、「真の青春」に近づくためのミッションをどれだけ多く達成できるか、その競い合いをしているようだ。青春は、ミッションの達成度で計測できるものだともいえそうである。[42]

ところで、興味深いのは、このような「青春っぽい」記録を何のために残しているのかという点である。さきにあげた「ＬＪＫにやりたいこと20」の記事では、登場するモデルたちによる以下のような会話が掲載されている。

琳　同窓会、盛り上がりそうじゃない？　そのために今日たくさん写真撮ったし♪　みん

37　ＬＪＫとは Last Joshi Kosei、つまり高校三年生のことを意味する。舟木一夫もびっくりである。

38　ちなみに「やりたいこと20」は、以下の通り。「王道原宿デート」「売店ダッシュでパンを買う！」「フィルムカメラで思い出を残す」「彼の部活待ち放課後デート」「TikTokを撮りたい！」「大きなスエットをいさぎよく着る」「告白されたい」「黒板にラクガキ！」「キティちゃんみたいなコーデ！」「浅草食べ歩き」「みんなでケーキを作る」「河川敷で彼と冬アイス」「ちょっとイタズラ」「屋上でお弁当」「パジャマパーティー！」「みんなで人狼ゲーム」「思いっきり脚を出す」「マフラー巻いて肉まん」「学校にいれるだけいる」「おそろ制服で遊園地デートしたい！」。

39　ちなみに「やりたい17のコト」は、以下の通り。「廊下でおしゃべり」「制服ヘアアレやり納め！」「イケメン見てはしゃぐ」「屋上で大熱唱」「購買のパン制覇！」「こんな制服着たい！を叶える（オルチャン、トレンドＭＩＸ）」「寄り道おでん」「ハプニング動画づくり」「放課後ディズニー!!」「校庭で思いっきり遊ぶ！」「とりあえず制服プリ！」「好きな人を呼び出して告白」「授業中に絵しりとり」「ガチ体育!!」「先生にサプライズ」「まったりお泊まり」「イツメンとお弁当」。

40　高校時代までが真っ黒歴史だった筆者としては、ちょっとたまらない気がする。

41　この記事で提示されている場面も、概ね学校の日常風景である。すべてあげると多すぎるのでいくつか紹介すると、「窓際でたそがれる」「ヘンガオポッキーゲーム」「手をつなぐ」「夕日の前でＪＵＭＰ!!」（←やはり夕日！：引用者注）「部活をながめる姿をかくし撮り」「居眠りしてるふう」「黒板メッセージ」「廊下でダッシュ!!」といった具合である。

42　「2学期こそ#ＬＪＫ（ラブ・充・高校生活）したーいっ　彼氏がいればもっと青春じゃん!!」（『Seventeen』二〇一七年一〇月号）など、そのいい例だろう。とにかく、「もっと青春」という表現がとても興味深い。現代の青春は「破滅か成功か」といった all or nothing のものではないようである。

なで「こんなことやったねー」って、ながめるのが夢です。

夢　今日やったことが全部いきてくるね。

つまり、後から振り返ることを目的として、今の「青春っぽさ」を記録したというのである。将来を起点にして現在を価値づけるという意味では、「かつての青春」と相同的な気がしないでもない。しかし、「かつての青春」は、そこを通り過ぎた者にしか意識されないはずのものであり、青春真っただ中にいる者にとっては意識されないものだった（古屋　二〇〇一、三二一―三二二頁）。それに対して、のちのち振り返るために「青春っぽい」ことをする（そして記録し美化する）という発想には、何かそれよりも冷めた、クールな視線を筆者は読み取ってしまう。

実は、このような青春に対する視線も、やはり二一世紀的青春の特徴なのである。いわば、青春の自己参照あるいは自己言及ともいうべきこの現象について、最後に少し掘り下げてみたい。

「いま自分たち青春してる！」

自己参照される青春。その第一のパターンは、いま見たように、当事者ともいうべき一〇―二〇代の者が、「後から振り返れば今が青春なのだろう」という形で、現在の自分自身について言及するものである。たとえば多部未華子（一九八九年生まれ）は、自身の主演作品（『夜のピクニック』二〇〇六年）についてのインタビューで、「私自身は、今自分が青春を送ってるな、という実感はないけど、過去の日記やプリクラを見ると、やっぱりいいなぁと思うので、きっと青春て、過去の自分を振り返った時に感じるものなのかな、と思いました」（「『夜のピクニック』の世界　主演女優に聞く」『野性時代』二〇〇六年一〇月号）と語っている。ほかにも、自身が出演していた番組『青春高校3年C組』（テレビ東京、二〇一八―二〇二一年）について「この番組もいつか振り返ったときに『楽しかったな』『青春だったな』と思える時間にしたい」（「俺たちの青春時代」『Quick Japan』二〇一八年八月）と語るNGT48の中井りか（一九九七年生まれ）や、「青春っていったら、やっぱり学生のころの話が多いけど、アナザーズの活動もいつか大人になったら『あのとき俺たち青春してたな』って思うのかもね」という大島海（一九九八年生まれ）の発言があげられる[43]。

これらは、青春についての表象が十二分に蓄積されてきた現代において、「青春は後から振り返るもの」という語り自体が一つの知識として当事者に取り込まれた結果、生じた現象ではないかと推測される。想像上の「数十年後」の時点から振り返るという超越的視線が、当事者に青春を生きる存在として現在の自分を意味づけさせているのである。

43　「アナザーズ」とは、音楽ユニット「ジュノン・スーパーボーイ・アナザーズ」のことであり、大島海はこのグループのメンバー（当時）である。

自己参照される青春の第二のパターンは、もっとストレートである。すなわち、先ほど指摘した「青春っぽさ」を構成する学校生活の日常に照らし合わせて、自身の現在を「青春してる」と意味づけるものがそれにあたる。そして、この手の語りは芸能人ではなく、一般の学生からの新聞投書に多く見られるのが特徴である。私が今回収集した一九八〇年代後半以降の中で、この手の語りの初出は二〇〇四年であり、[44]やはりこれも二一世紀的な青春の特徴であるといえる。[45]いくつかピックアップしてみよう（以下、投稿者の氏名は省略した）。

文化祭の準備は、それぞれ役割分担がありますが、人数の関係で進行が遅れることもあるようです。友達が困っているのを放っておけなかった娘は、何度か助っ人に走りました。作業をしている教室が夕日でオレンジ色に染まったとき、誰かが「青春だねえ」とつぶやいたと言います。（愛知県一宮市　主婦・四四歳「青春だねえ」『朝日新聞』二〇〇六年九月二九日朝刊・名古屋版）

中三の私は今、吹奏楽部に所属している。受け持ちはトランペット。七月末に吹奏楽コンクールに出場した。去年は銀賞で終わってしまった。一二月の定期演奏会で引退した先輩に、「来年こそは金賞を取る」と約束し、猛練習をしてきた。そして、本番当日。私はポケットに、先輩からもらったお守りと部長からもらったお守りを入れて、ステージに上がった。私はとても緊張していた。だが、指揮してくださっている先生と目が合ったとき、先生がほほえんでくれた。その瞬間、緊張がすーっと収まった。私は本番で、あれほど安心して吹けたことはない。演奏が終わったとき、すごく「青春している」と感じた。(大津市　一四歳女子「金賞の夢追い、青春まだまだ」『朝日新聞』二〇〇七年八月二六日朝刊・大阪版)

僕の通う高校では、体育祭で応援団を作る。1チーム約100人、四つの団がそれぞれ踊りを見せる。3年生として、思い出作りにと今回初めて入った。体育祭の1カ月前から練習を始め、朝も放課後も土日もほぼ毎日、みんなで頑張った。そして迎えた本番の5月31日。今までの練習の成果を全て出し切った。終わったあと仲間が泣いているのを見て、思わず僕も泣いてしまった。(…)何かに全力で向き合って涙を流せることは、学生の僕たちにとって必要なことであり、かけがえのないものだ。これが青春なんだと思う。(大阪府　17歳男子「体育祭で流す涙、これぞ青春」『朝日新聞』二〇一三年七月二四日朝刊・大阪版)

44　二〇〇四年八月一七日の『朝日新聞』に掲載された四六歳主婦からの投稿「青春花火大会」の文中に見られる描写がそれである。中学生の息子が自宅前の道で友人たちと花火に興じているのを注意したところ、一人の男子に「おばさん、青春ですよ!」といわれ、大目に見ることにしたというエピソードが綴られている。

45　社会学者の石田光規は、『朝日新聞』の投書欄や高校球児の報道において、二〇〇〇年代以降「無菌化された友情」の物語の登場頻度が増加しており、それは現実の日本社会における個人化・心理主義化の様相と人間関係の複雑化による不安の解消欲求を反映したものだと指摘している(石田　二〇二一)。本章で見る「自己参照される青春」言説の増加も、これと連動した現象なのではないかと推察される。

私の通う高校では、体育祭の応援団に力を入れている。生徒で自主的に団を動かし、3年生が振り付けや衣装を考える。今年、私は衣装を担当して、20人を超えるメンバーで200着以上を一から作った。テストなどで活動できない期間が多くて作業が進まず、家でも徹夜が続いた。イライラして人に当たり、自分を見失いそうになった。母に相談すると、ひと言「青春してるね」と言った。友達と協力したりぶつかったりして、一つのものを作り上げるのは青春そのものだ。そう思うだけで、また頑張れた。手伝ってくれる生徒もいて、無事衣装が完成した。6月の体育祭本番。私たちが作った衣装を着て演技する応援団を見て、涙が止まらなくなった。「ああ、今、私は青春しているんだなぁ」と心から思えた。(大阪市　一八歳女子「体育祭衣装作り　私『青春してる』」『読売新聞』二〇一七年九月一九日朝刊・大阪版)

他にもまだまだあるが、このくらいにしておこう。第一章で書いたように、正直いって私自身はこのような語りにとてつもなく違和感を覚えてしまう。自分を物語の主人公に見立てるような自己陶酔感に、何ともいえないむず痒さを感じてしまうのだ(そういえば、あえて挫折を望む「かつての青春」も多分にナルシスティックだった。これも青春の重要要素かもしれない)。ただ、このような感情は、「中高時代は黒歴史」と思っている私の、ねじ曲がった羨望の発露であることも否めない。もちろん、客観的に見れば、私の中高時代もそれなりに「青春」だったのだろうと思う。だが、そういわれても、先にあげた新城カズマのように、私は「それは違う」と思ってしまう。

と、私などはやはり「青春をこじらせ」ているのだが、若い世代の人はもっと爽やかだ。俳優の金子大地（一九九六年生まれ）が自身の出演作『君が世界のはじまり』（二〇二〇年）について、「みんな、今自分たちが〝青春してる〟とわかっていて、青春してる。その感じがリアルだなと思います。この青春が今しかないと自覚をしているし、二度と戻らない時間だとわかっているのは僕自身もそうだったので、すごく考えさせられました」（「CULTURE BOX MOVIE　金子大地」『JUNON』二〇二〇年九月号）と語っているように、ある年代以下にとっては、このような感覚こそが「リアル」なのかもしれない。もしかして私の青春イメージは「かつての青春」に引きずられているのだろうか。そんなことを「すごく考えさせられました」。

さて、本章では「青春らしさ」と「青春っぽさ」をめぐる語りについて見てきた。いわば、青春の明るい面についての語りである。では、青春のダークサイドの方はどうなっているのだろうか。黒歴史については思い出したくない、語りたくないという場合が多く、暗い青春についての話はほとんどないのではないかと想像されるかもしれない。しかし実は、そちらの方が人に青春を多く語らせ、青春を表現したいという欲求の原動力となっている場合が、とても多いのである（そもそも私自身がそうではないか！）。ダークサイドの青春は決して単なる負の側面ではなく、ある意味で青春を形づくる重要な要素でもあるのだ。次章からしばらく、このことについて掘り下げていくことにしよう。

第五章

〈輝けない者たち〉のブルース

そもそも、青春をテーマにこんな本を書き始めた動機は、私自身の中にあるコンプレックスというかルサンチマンというか、そういうある種のドロドロした怨念である。そんなものは全くないという人もいるかもしれないが、キラキラした青春イメージをむず痒く思う私の気持ちに共感してくれる人も決して少なくないはずだ。

どうしてそう思うのかといえば、実際に似たような思いを吐露している「語り」が、たくさん見つかるからである。青春をめぐる言説を少し掘り返してみれば、「青春なんて、そんなに綺麗なもんじゃない」という語りは、決して珍しいものではないことに気づく。中には、さらに威勢よく「キラキラした青春など、本当の青春ではない！」と、価値の転換を主張するものまである。

ここからしばらくは、こうした類の青春語りについて見ていこうと思う。よきもの、輝くものとして表象されがちな青春に関して、なぜこうした対抗言説が頻出するのか。そして、それは本当にアンチテーゼたり得ているのだろうか。そういったことを、これから考えてみたいと思う。

イメージと現実とのギャップ

前章の最後の方で、青春の当事者というべき中高生が書いた新聞投稿を取り上げた。それらは、自らの現在の姿を「青春してる」と捉える自己言及的な語りであり、そのような捉え方は二一世紀的な現象でもあると指摘した。

だがもちろん、それとは違うタイプの当事者の語りも見つけることができる。たとえば、『朝日新聞』二〇一〇年六月一九日朝刊には、「自分自身では、今が青春だという実感は全くない」という一六歳の女子高校生が、こんな投稿をしている。

毎朝7時に起き、学校で7時限目までみっちり勉強し、部活を終えてから家に帰る。疲れ切っているが、そのまま寝るわけにはいかない。明日の授業のための予習や宿題があるからだ。すべて終わると睡魔が襲い、早々と眠りにつく。この生活を毎日続けることを青春というのだろうか。

一般的には、部活に恋にと、とても輝かしいイメージがある。だが、今の生活を輝かしく思えるのは、大人になってからなのかもしれない。会社に勤めるようになって、めまぐるしく日々に追われる中で、青春を懐かしむのではないだろうか。

これは、当事者には実感されないものと位置づけられていた「かつての青春」イメージに近い。だが、「一般的には、部活に恋にと、とても輝かしいイメージがある」と書かれているように、その実感のなさは、すでに確立された「青春っぽさ」との比較で生じているのが興味深い。さらに、大人になってから今の時期を青春として懐かしむのだろうという、超越的視点もここには含まれている。その点で、やはりこのような認識は現代的であるといえる。

似たような投稿をもう一つ見てみよう。これは、二〇一〇年七月一九日の『読売新聞』に、男子大学生が投稿したものである。

夏休みなどに実家に帰ると、昔の漫画をまとめて読み直すことがある。スポーツ漫画などの青春ものが多く、今読んでも心が躍る。

しかし、同時に喪失感もこみ上げてくる。漫画を買った小学生の頃は、いつか自分が中学、高校生になったら、主人公たちのような輝かしい青春を過ごすのだと期待したが、実際は、高校まで野球をしていた私に漫画のような劇的な瞬間はなかった。

正直いって、私はこの投稿を見たときにとても違和感を覚えた。というのも、「高校まで野球をしていた」という記述を見て、「それは青春そのものではないか!」と思ったからである。だが、投稿者にとってそこは重要ではないらしい。大事なのは「漫画のような劇的な瞬間」がなかったということであり、それが「輝かしい青春」はなかったという「喪失感」を彼にもたらしているのである。

先に見た女子高校生の投稿もそうだ。朝から夜まで勉強と部活に勤しむ姿こそ「高校生の青春」そのもののように思われるのだが、投稿主はそれを青春ではないと捉えている。なぜなら、それは本人にとっての「輝かしいイメージ」と合致していないからである。

いったい「輝かしい青春」とは何なのだろうか。おそらくそれは、これまで見てきたようなメディア表象――映画やドラマ、歌など――で表現された青春のイメージと考えて間違いない。だが、それらは本来あくまでフィクションである。フィクションだからこそ「劇」的な瞬間が起こるのであり、それがそのまま現実に起こることはそうそうあるものではない。にもかかわらず、フィクションの青春の方が、現実の青春を評価する際の参照点となっている。つまり、青春のイメージは単なる虚構ではなく、目指すべき理想・目標として存在しているのである。いま見た二つの投稿は、いずれもそうした青春をめぐる理想と現実の倒錯した関係性を端的に示していると思う。

ないものねだりが原動力に

こうした理想と現実のギャップに気づいてしまうと、「キラキラした青春なんて、しょせん嘘っぱちだ！」と、フィクションの青春を否定する方向に傾きそうな気もする。しかし、面白いことに、このギャップは青春イメージの消費欲求をむしろ喚起してしまうようなのである。

そのことがよくわかる好例として、『オリコンスタイル』二〇〇四年一〇月一一日号の記事「僕らの青春白書」を見てみたい。この中で、同誌の読者約二〇〇〇人による「思い入れたっぷりMy青春ソングBEST10」なる投票企画がなされているのだが、ここで断トツ一位になったのが、ゆずのメジャーデビューシングル『夏色』（一九九八年）であった。記事では、「学生時代特有の平和でキラキラした夏のワンシーンを思い起こさせる爽やかな曲調&歌詞という点が選ばれた理由」と指摘され、「恋人同士で自転車のふたり乗りをするのがいかにも青春」「学校の帰りの制服デートのイメージ」「学生時代の恋って感じがする」など、「絵に描いたような理想の青春シーンが凝縮されている」という読者からの意見を紹介している。

これだけならば別にどうということのない話なのだが、この曲が多くの読者の「無念」を背負って一位に輝いていたという点が、とても興味深いのである。記事によれば、この曲を選んだ人の半分以上が『夏色』に描かれたような青春とは無縁であったといい、「自分もこんなことしたかったけど無駄に過ごしてしまった」「これを聴くと羨ましいほど青春しててため息が出る。こんな青春送りたかった」などと、自らの青春を悔恨する読者の声を掲載している。この結果をうけ、記事では「やりたかったけどできなかった残念な思いがこの曲を聴くたびググっと蘇り、やっぱコレが青春なんじゃん！と、もう二度と戻らない〝あの日〟の憧憬や渇望を駆り立てるのだ」と考察されている。

『夏色』以外にトップ10に入った曲の中では、尾崎豊（一九六五―一九九二年）の『15の夜』（一九八三年）と『卒業』（一九八五年）についても、「選んだ人の理由のほとんどが『自分とは正反対の青春だから』というもの」だったという。これについても、記事では「青春＝輝き、ばかりではない理想と現実の違い。この落差を埋めたいからこそ青春ソングを聴いて浸りたくなる、そんな微妙でいじらしい心理が選曲に表れてる気がした」とされている。

ここからわかるように、現実の青春に何らかの欠落があることが、実は青春を消費させる原動力になっている面があるのだ。だとすれば、青春イメージの生産と消費は、ある種マッチポンプのような現象であるといえる。つまり、輝かしい青春イメージが生産される→それを消費する者は現実との乖離に苦悩する→心の穴を埋めるためさらに輝かしい青春イメージを消費する……という、循環構造である。同工異曲ともいえる青春イメージが、飽きもせず繰り返し生産され続けていることの背景には、こうしたカラクリが潜んでいるといえそうだ。[46]

「暗い青春こそ本物の青春だ！」

青春イメージを消費するという行為には、このような欠落の埋め合わせといった側面がたしかにある。しかしそれでも、結局のところそれは代替行為に過ぎないという批判はありえそうだ。どのみち過去は変えられないし、青春イメージの消費はかえって虚しさを引き起こすだけではないか、という意見も十分にあり得る。

そうした思いを反映してかどうかは定かでないが、もっとストレートに青春の欠落それ自体を有意義なものとして意味づける言説も存在する。たとえば、『国語入試問題必勝法』（一九八七年）で一躍名を馳せた小説家・清水義範（一九四七年生まれ）の語りを見てみよう。清水は同作では受験体制を軽妙に風刺してみせたわけだが、その受験体制が生み出した存在といってもいい受験浪人については、意外にも（？）積極的な価値づけを行っている。次に引用するのは、受験浪人を主人公とした小説『学問ノススメ　挫折編』（一九八九年）刊行にあたってのインタビュー記事である（「著者インタビュー　清水義範『学問ノススメ〈挫折編〉』」『アサヒ芸能』一九八九年五月二五日）。

小説の主人公は〝受験浪人〟。それを選んだのは「青春の要素のすべてがそこに詰まっている」と思ったから。作者自身も実際に、浪人体験を持っている。

「青春はいいものだ、なんてとんでもない話でね。自分のことを振り返ると、みっともない時期でしたもの。ゾッとしますね」

受験浪人に詰まっている「青春の要素のすべて」が何なのか、この発言からだけではわからない。しかし、それが「いいもの」でないと清水が考えていることは確かだ。実際、清水は別の記事で、「ひたすら明るい青春なんて人の道にはずれている。暗い浪人時代こそ、青春として面白い時期だと私は思う！」と高らかに主張している（『GORO』一九八九年五月二五日号）。ここでは、明るい青春が「外道」だとされており、青春イメージが一八〇度転換されていることがわかる。

同様のテイストを持つ記事として、二〇〇五年の『AERA』の記事を見てみよう（河野正一郎・角田奈穂子・朴順梨「暗い青春がパワーつくる　悩みと葛藤こそが未来への道」『AERA』二〇〇五年一二月二六日号）。まず、リード文は以下のようである。

46　あるいは、理想と現実のギャップに苦悩すること自体が消費目的となっている可能性もある。一例として、スタジオジブリの映画『耳をすませば』（一九九五年）の消費のされ方があげられる。中学生男女の夢と挫折、そして恋愛模様を外連味なくキラキラと描いたこの作品は、テレビで何度も放映されるたびに、「眩しすぎてつらい、鬱になる」といった声がネット上にあふれることで有名である（俗に「耳をすませば症候群」といわれている）。それなら観なければいいではないかと思われそうだが、この作品はテレビ放映されるたびに安定した視聴率を稼いでおり、「あえて好んでブルーになろうとする」層が確実に一定数存在することがうかがえる（何を隠そう私もその一人）。悲劇やホラー作品などの愛好家もいるように、明るく楽しいコンテンツだけが人間の欲望を満たせるわけではないのである。

いま輝いてみえる成功者たちにも、悩み多い、葛藤の青春時代があった。ふだん明るく振る舞っている周りの友だちも、たぶん、一人のときは悩み、葛藤しているはず。そう、「青春時代は暗くていい」。葛藤を乗り越えてこそ、未来を生き抜ける。

「ワクチンの副反応は効いている証拠だから我慢しろ」というのにどこか似ている気がしなくもないが、それはさておき、続けて記事本文では、各界著名人の「暗い青春」が回顧されている。たとえば、作家・演出家の本谷有希子（一九七九年生まれ）は高校時代、周りの「いけてるコ」がテニス部に入る中、演劇部に入っていただけで「暗いヤツ」といわれたという。それは「自分が否定されたように感じる言葉」であり、「青春時代って暗くて、ものすごく葛藤した。ほんとに苦しかった。でも、あの時期がなかったらいまの作品は生み出せないと思う」と、暗い青春時代がのちに作品を生み出す原動力になったと話す。

また、クリエイティブディレクターの箭内道彦（一九六四年生まれ）は、「中・高時代、だれにも心を開けなかった。なのに、好かれようとして同級生の顔色を窺」う日々だったという。「むなしさの中で生きる不条理さを言葉にして歌」うミュージシャンに憧れたものの、活動する中で声域の狭さを思い知らされ挫折し、その後大学進学まで三浪した。だが、大学卒業後入社した広告会社で、彼は水を得た魚となる。「広告の仕事は視聴者の顔色を読んで、その商品が好かれる方法を考えること」なので、「自分の欠点が仕事に生かせる」とわかったのだ。このことを、箭内本人は「コンプレックスと向き合った経験がすべて今に生かされている」と総括している。

もう一人、教育学者の齋藤孝（一九六〇年生まれ）についてもふれておこう。齋藤は大きな期待を抱いて静岡県から東大へ入学したものの挫折し、友人もあまりできず、部屋で中島みゆきや井上陽水などの「暗い曲」ばかり聴いていた。多忙となった今でも、忙しさで自分を見失いそうになるとその「暗い曲」を聴くという。

「人が生きていくパワーの源泉は、青春時代の怨念にあると思う。曲を聴くと、あの頃に戻れる。当時もっていた志や感情を思い出せるんですよ」

青春時代の葛藤を乗り越えた自信が、将来を生き抜くのに欠かせない力なのだ。

このような、暗い青春時代は後の人生の糧になるのだという語りは、それほど珍しいものではない。実際に暗い青春を送っているさなかの学生、あるいは自分の青春は暗かったと感じている成人世代にとっては、先に見た青春イメージ消費とは違う意味で、一種の慰めとなるのかもしれない。

ただ、どこか私にはしっくり来ないところがある。理由の一つは、「後の人生に役に立つのだ」という物言いに潜む、プラグマティックな発想と教育的視線にあると思う。要するに、「若いうちの苦労は買ってでもしろ」というのに、似ているのだ。明らかに、このロジックには、挫折や苦悩を必須条件としていた「かつての青春」イメージとの連続性を見出すことができる。

しかし、身も蓋もないことをいえば、この正当化のロジックはしょせん結果論に過ぎない。のちのち何らかの形で功成り名遂げることができたからこそ、「あの時代に意味があった」と語れるのだから。それに、この論理を逆転させれば、「明るい青春時代を送ったやつは、その後ろくな人生を送らない」という意味にもなってしまい、それはそれでおかしな話になる（いや、そういいたい気持ちもわからなくはないが）。いずれにせよ、そのような語りの文脈にも乗らないような、つまり特筆すべき挫折も輝きもなかったような「中途半端な青春」こそが、ここで大きな問題となってくる。そのような中途半端な青春を送った（私のような）者は、いったいどうすればいいというのか!?

輝きからも挫折からも遠く離れて

そんな「中途半端な青春」にこだわり、それについて多くを語っている人物の一人が、漫画家・イラストレーターのみうらじゅん（一九五八年生まれ）である[47]。みうらは、さまざまな媒体でたびたび自身が「いかに青春をこじらせたか」について語っている（ので、次章でも何度かご登場いただきます）。もっとも、彼一流のセンスの良さでどんなエピソードも面白おかしく料理されているから、ある意味で彼の青春も「役に立って」はいる。だが、みうらの青春エピソードの根底にあるのは、「自分の青春は中途半端なものだった」というクールな認識である。

たとえば、ココリコの田中直樹（一九七一年生まれ）との対談で、みうらは次のように語っている（「田中直樹のサスティマティック人間　四七回　みうらじゅん」『Switch』二〇〇九年八月号）。

みうら　ヤンキーの人たちは学園を謳歌してるしね。で、いじめられてた奴もヤンキーとセットですから。「また今日もいじめられるのイヤやな」とか言いながら、気に入られようと思って煙草とかスッと出してるんですよね。でもそこにも寄ってないから。

田中　僕もこの仕事をやらせてもらうようになって思うんですけど、商品価値がない学生時代を送ってたんで。

みうら　本当、グレる理由も全くなかったんですよ。オカンもオトンもめっちゃいい奴なんです。で、学校の先生も嫌いじゃないし、「センコウ」とか言ってみたいんだけど、言って傷つくと悪いし。なんかパンチないんですよねえ。そこがコンプレックスでしたからね。でも本当は大多数の人がそんな人達で、きっと『クローズZERO』みたいな人とか優等生って一握りですよね。

47　急いで付け加えておくが、別にみうらじゅんが功成り名遂げた人物でないといっているわけではない。それどころか、「マイブーム」「ゆるキャラ」などもはや一般名詞と化した造語のセンス一つをとってみても、才能豊かなクリエイターだと私は思っている。

田中の「商品価値がない学生時代」という表現の絶妙さは、さすが芸人だなと思う。これはまさに、特段の輝きも挫折もない、つまり面白みのない「中途半端な青春」の言い換えである。

さて、みうらは一九五八年生まれだから、その中高時代はちょうど一九七〇年代にあたる。「かつての青春」イメージが翳りを見せる一方で、受験戦争の激化などを背景とした高校・中学校での「荒れ」が社会問題化していった時代ということになる。そういう状況の中で、親や教師に反抗心を抱くわけでもなく、不良とも適切に距離を取れてしまう自分の青春が「コンプレックス」だったというのだ。ここで重要なのは、「本当は大多数の人がそんな人達」という発言があるように、本来はコンプレックスを抱くはずのない状況であるにもかかわらず、主観的にはそれがコンプレックスの源であると感じられていた点である。

さらに、みうらが自身の高校生時代をモデルとして書いた、自伝的小説『色即ぜねれいしょん』（二〇〇四年）の映画化に際しての座談会では、次のように語っている（みうらじゅん＋リリー・フランキー＋田口トモロヲ「座談会　僕らの『童貞時代』を語る」『週刊朝日』二〇〇九年八月二八日号）。

みうら　高校でヤンキーでもない、いわゆる〝文化系男子〟って本当に行き場がない。いまはニートとかひきこもりとかいう言葉ができたから場があるけど、僕らの時代にはなかった。単に「気持ち悪い」とか言われて。

田口　そうそう、「暗い」「気持ち悪い」ですよ。

みうら　当時はその中途半端な感じがいやだったし、でもどうしていいかわからない。セックスも一生できないかもしれないし、不安でしょうがなかった。

ニートやひきこもりに「場がある」のかどうかはさておき、ヤンキーでも体育会系でもない男子高校生は「暗い」「気持ち悪い」といわれるだけの「中途半端な感じ」だったと、みうらはいう。たしかに、ヤンキーであれば（是非はともかく）非行やケンカなどそれなりに「語れるエピソード」があるし、体育会系であれば厳しい練習や試合の勝敗などドラマチックな場面は黙っていても訪れやすい。それに比べて、どこか弾けきれない「文化系男子」である自身の青春を、みうらは「中途半端」だったと感じていた。それが、のちに「青春をこじらせた」という自己認識につながっていったのであろう。これは、私の実感としてもよくわかるところである。文化系で球技はまるでできず、休日は家でＤＴＭに勤しみ（そして音楽の才能がないことを痛感した）、かといって成績は悪くなく規則破りもしない無難な私の高校時代なんぞは、まさに「中途半端な青春」そのものである。こういう人間が、最も青春をこじらせやすいタイプなのかもしれない。

まあ、私の話はともかく。

それにしても、なぜみうらはここまで執拗に青春にこだわるのだろうか。語るべきことがないはずの青春を、どうしてそこまで語りたがるのだろうか。

いや、何もみうらだけに限ったことではない。先に見た「暗い青春」についての言説もそうだが、「地味で暗くて中途半端な青春こそリアルなのだ！」という訴えが、なぜなされなければならないのか。その欲望はどこから湧き出てくるものなのか、そしてそれは何を意味しているのか。

このことについて、もっと深く掘り下げていかなければならない。

第六章

アンチという名の王道をゆく

前章に引き続き、青春のダークサイドに目を向けていこう。いや、ダークサイドというとかっこよすぎるので、「地味で中途半端な青春」といった方がいいかもしれない。ドラマチックな達成も挫折もない、そんな青春をめぐる語りについて、もう少し読み解いていきたい。

さて、自分の青春時代は中途半端だったとしばしば語るみうらじゅんだが、そうであるならば青春について取り立てて語るべきことはないはずなのに、なぜ彼は青春について多くを語ろうとするのだろうか――そんな疑問を前章の最後に提示した。これがみうらじゅんだけに固有の感覚であるならば、それが彼の個性なのだということで済ませられる話である。しかしこれから見ていくように、同様の青春語りは、みうら以外の人物からも少なからず発信されてきている。そうであるならば、それは一定の社会性を持った感覚に根ざしたものだといえる。第一章で述べたように、本書全体を貫く大前提には、「青春は普遍的なものでない」という認識がある。普遍的なものでないということは、時代や社会の状況によって影響され、変化するということだ。それは、青春が社会の期待や欲望を反映しているということでもある。そういうことに興味がある私としては、一定の社会性を持った感覚が意味するものが何なのか、やはりぜひとも追究してみたいと思うわけである。

「青春っぽい青春」はハードルが高い

本題の前に、ここまでの内容を少しおさらいしておきたい。具体的には、望ましい青春のイメージについてである。

大衆化する前の「かつての青春」は、義務教育後の上級学校に進学するチャンスを享受した男子だけに許された、希望と不安に彩られた時期の謂《い》いであった。「青春らしさ」とは、大志や野望を抱き、挫折し、それを乗り越えていくことだとされていた。若気の至り、と端的にいってしまってもいい。近代主義的な色彩を濃厚に帯び、特に文学と政治に結びつけられていたこの青春イメージは、一九七〇年前後の「政治の季節」の終焉と大衆教育社会（苅谷 一九九五）の到来によって、次第に説得力を失っていく。代わって、ドラマやヒットソングで表象される青春のイメージは、等身大の何気ない日常の中で展開される友情や恋愛といった、個人レベルの出来事に結びついていった。特に二一世紀以降は、中学・高校を中心とした学校生活の平凡な日常的風景が、「青春っぽさ」の中心的イメージを形成するようになった。

「青春らしさ」と「青春っぽさ」は、その内実はかなり違うもののように思えるが、望ましい青春の基準になっているという意味では、同じことである。ただ、かつての青春は、社会階級・階層と関連していた点が重要だろう。上級学校に進学し、学生時代という青春を送ることができるかどうかは、学力云々以前に地域や経済格差によって大きく規定されていた（戦前であれば、さらに性による差異も加わる）。逆にいえば、望ましい青春を享受できないことの原因を社会に求めやすかった時代だったともいえる[48]。

そのような時代の方が楽だったというわけではもちろんないが、しかし、高校時代を過ごすこと自体が全く特別のことではなくなった一九七〇年代以降、望ましい青春を送ることへのハードルはむしろ上がったともいえる。なぜなら、青春っぽい青春を送ることができるか否かが、個人要因に帰せられるようになったからである。「高校生である」という点において均質化・平準化された集団であるがゆえに、個々人のキャラ――優等生・ガリ勉・体育会系・ヤンキー・ギャル系・オタク系（最近であれば陰キャ[49]）など――による立ち位置の微細な違いが前景化してくる。そして、その立ち位置の違いによって、望ましい青春への距離もある程度決まってしま

48　このあたりの問題については、佐藤（二〇一七）、福間（二〇一七）（二〇二〇）などを参照されたい。

うのだ[50]。

前章で取り上げたみうらじゅんの語りは、そのような状況を背景とした「中途半端な青春」のありようを端的に示している例だろう。一九五八年生まれで一九七〇年代に中高時代を送ったみうらは、世代的には割と先進的な感覚の持ち主だったのかもしれない。この感覚は、これ以降に中高時代を送った世代にとっては、非常に実感をもって受け止められるものだと思う。

というわけで、まずはみうらと同世代の人物たちの語りから見ていくことにしよう。

地味な青春は描かれない?

みうらじゅんが自身の高校時代に題材をとって書いた小説が、『色即ぜねれいしょん』(二〇〇四年)である。その映画化(二〇〇九年)に際して監督をつとめたのは、みうらの盟友といってもいい同世代の田口トモロヲ(一九五七年生まれ)であった[51]。田口は、この作品を撮るにあたっての思いを、次のように語っている(「映画界の徹底研究　監督・俳優　田口トモロヲ『色即ぜねれいしょん』」『創』二〇〇九年七月号)。

〝文化系「クローズZERO」〟を作んなきゃいけないなって思って。そういうメインストリームの青春ものとは全然違いますからね(笑)。

きっと青春物語としては、サイドウェイな話で、今までなかったと思うんです。いわゆる「童貞青春もの」っていろいろありましたけど（笑）、やっぱり劇中の2時間の間に童貞を卒業したりとかする。けれど、わずか半年の間じゃ、そんなに人は変わらない。ただ学校と家しか知らなかった少年が、ちょっと外の世界の人たちと触れ合うことによって、半歩以下くらいだけ自己実現に向けて踏み出せたっていう物語が、いいなぁと思うんです。それをまた大声で人に言わない感じが、文科系《ママ》の青春なんですね。すっごい力強いメッセージを出す原作だったり、映画だったりじゃないので、そこがいいなと。

田口はここで、『色即ぜねれいしょん』に描かれた青春は「メインストリームの青春」ではない、としている。その意味は、テーマ設定もさることながら、物語を通して主人公が劇的な成長を

---

49 「陰キャ」「陽キャ」は、もともとは「陰キャラ」「陽キャラ」という俗語だったものがさらに短縮されるようになった言葉である。俗語のため明確な定義はなく、個々人が持つ雰囲気として「暗い」「明るい」ことを意味しているが、しばしばそれは趣味や気質に関連づけられて判断されている。具体的には、「同性だけでつるんでいる」「オタク気質」「インドア派」は陰キャに分類され、「異性の友人や恋人がいる」「ノリがいい」「スポーツ好き」などは陽キャに分類される。この問題に関する数少ない学術研究として、知念（二〇一七）がある。

50 このあたりを巧みかつ繊細に描写して注目されたのが、朝井リョウ『桐島、部活やめるってよ』（二〇一〇年）だろう。なお、このような状況は現在ではしばしば「スクールカースト」と表現されるが、筆者はあまりこの表現が好きではない。当事者にとっては変更不可能なカーストのように認識されるのかもしれないが、カーストと違って学校の人間関係など時限付きのものに過ぎないからだ。日本には高校が五〇〇〇以上あるのだから、「学年で一番面白いやつ」や「学年で一番可愛い子」は全国に何千人もいる。所詮その程度のことである。

51 みうらと田口の関係については、たとえば「（逆風満帆）俳優・田口トモロヲ（上）親友なかった青春時代」（『朝日新聞』二〇〇九年八月二二日）などを参照されたい。

遂げるわけではなく、メッセージ性を強く打ち出さない点にあるという。つまり、その逆の劇的な物語、成長物語が「メインストリームの青春」ということになるだろう。地味な青春のありようを描いたこの作品は、そのような意味で、田口にとって「ベタじゃない青春」として捉えられていることがわかる。

もう一人同世代の、今度は女性の語りに目を向けてみよう。一九五八年生まれの作家・姫野カオルコの『青春とは、』(二〇二〇年)をめぐってである。作品自体は最近発表されたものだが、描かれているのは一九七〇年代の滋賀県に住む高校生の群像である。明示されているわけではないが、同県出身の姫野自身の高校時代をモデルとしたものだと考えて間違いないだろう。

『青春とは、』姫野カオルコ(文春文庫、2023年)

詳細を述べることは控えたいが、この作品で描かれている高校生活も、基本的には地味なものである。姫野自身、「青春小説というと、胸がキューンとするような恋愛や汗がきらめくスポコンを想像する方が多いのではないでしょうか。本書はそんな期待に応える小説ではない」と、読者に向けて釘を刺している(「著者は語る『胸キュンも、きらめく汗もない。けれど…』青春小説から零れ落ちていたもの『青春とは、』姫野カオルコ」『週刊文春』二〇二一年二月一一日号)。

興味深いのは、描かれたこの地味な高校生活に対する姫野の評価である。「胸キュンな恋愛話も部活の熱い話も出てこない、片田舎の公立校の放送部員の地味〜な日常の話ですが、数から言ったら何もない方が断然多数派で、**〈フツウな青春〉**だろうと思う」（「ポスト・ブック・レビュー　著者に訊け！　姫野カオルコ」『週刊ポスト』二〇二〇年一二月一八日号。ゴシック体は原文ママ）という語りからは、何もない地味な青春こそが多数派の普通の青春であるという認識がうかがえる。だが一方で、姫野は「『登場人物を取り巻く環境や性格付けなど、今までの青春小説から零《こぼ》れ落ちていたものが描かれているのがいいですね』という感想をいただいて、その言葉が嬉しかったです」とも語っている（前出「著者は語る」）。地味な青春こそが普通の青春であるにもかかわらず、それは「今までの青春小説から零《こぼ》れ落ちていた」のであり、それを描こうとした意図をくみ取ってもらえたことが喜ばしいというのである。

この認識のありようは、先に見た田口トモロヲとほぼ同じだろう。地味な青春は普通である、にもかかわらずそれが描かれることは少ない、だからそれを描いたことに作品の価値がある——そういう認識である。いわば、青春の実態が映画や小説ではあまり描かれない（と思われている）ことへの、ある種のアンチテーゼがここで主張されているのだ。

「底辺女子高生」の憂鬱？

もう少し後の世代にも目を移してみたい。取り上げてみたいのは、二〇〇〇年代に精力的に

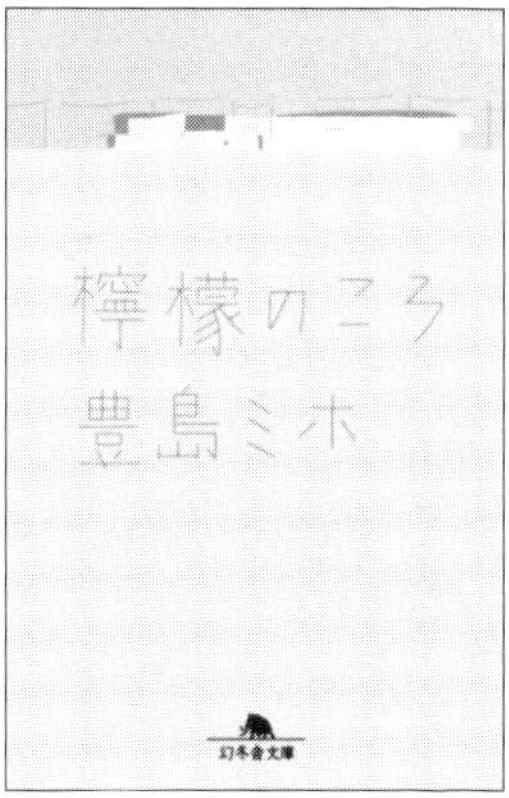

『檸檬のころ』豊島ミホ（2005年。書影は幻冬舎文庫、2007年）

作品を発表していた作家・豊島ミホ（一九八二年生まれ）である。

秋田県湯沢市出身の豊島は、いわゆる青春小説をメインフィールドとする作家であるが、自身の高校・大学時代の経験をそのベースとしている趣が強い。[52] 二〇〇七年に映画化もされた『檸檬のころ』（二〇〇五年）はおそらく最も人気を集めた作品の一つであるが、これは作者自身がいうように高校生活の明るい面を強調したもので、どちらかといえば青春小説の「王道」寄りの作品である。第三章で見たように、二〇〇〇年代の中ごろは、部活を中心とした高校生の日常を描く「NEO青春モノ」が流行っていた時期である。それもあって、この作品は一定の人気を得たのかもしれない。

しかし、豊島がこの作品を書いた動機は、必ずしも「爽やかな青春を描きたい」というものではなかったようである。「基本的に青春小説ってムカつくんですよ、私。こんなのは恵まれた人間の恵まれた青春じゃないかって」と語っている記事で、豊島は『檸檬のころ』執筆の動機を次のようにいっている（瀧晴巳「今月のBOOKMARK ② EX『リテイク・シックスティーン』豊島ミホ」『ダ・ヴィンチ』二〇二〇年一月号）。

私の高校時代に読まれていた青春小説は、主人公が一匹狼的で周りからちょっと浮いていて、でもカッコイイという設定のものが多かったんです。それに反発とまではいかないけど〝こんなんムリだよ〜〟と思うから。こんなふうじゃない、カッコ悪い孤独みたいなものを書いてみたい気持ちがあって。そう思って書いたのが『檸檬のころ』だったんです。

やはりここにも、先に見た田口トモロヲや姫野カオルコに連なる認識が見られる。すなわち、フィクションで描かれる青春へのカウンターとして、カッコ悪いリアルな青春を描いてみたいという欲望である。大学生のキャンパスライフを題材とした『神田川デイズ』(二〇〇七年)についても同様で、豊島は「最初から爽やかな物語にするつもりはありませんでした」と語り、その背景には、「大学時代から作家活動をはじめた」ため「普通の大学生のようにキャンパスライフを満喫していない」ことがあったという(「かっこ悪くても愛しい、大学生たちの青春グラフィティ　豊島ミホ『神田川デイズ』　大学がつまらなかった人にこそ読んで欲しい!」『OZ magazine』二〇〇七年六月一一日号)。

そして、「自分が高校生のときは〝青春〟だと思ってなかったんですよ。こんな暗い高校時代じゃ、私の青春は中学時代に終わったんだ、って」(「豊島ミホ『檸檬のころ』」『OZ magazine』

52　豊島は秋田県立横手高等学校、早稲田大学の出身である。

二〇〇五年四月二五日号）と語る豊島の、ある意味本領発揮ともいえる作品が、エッセイ集『底辺女子高生』（二〇〇六年）である。なかなか刺激的なタイトルだが、そこに込められた意味について豊島は次のように語っている（「全国の地味女子高生に贈るほろ苦い青春エッセイ集　豊島ミホ『底辺女子高生』」『OZ magazine』二〇〇六年八月二一日号）。

> 文字通り、それよりも下がないという意味です。地味なだけじゃなくて、勉強もできないし、運動もできなきゃ、男子と口もきけない。本当に、そんな高校時代だったんですよ。その中から、明るい面をもとにして書いた小説が『檸檬のころ』で、暗い面を明るく笑えるエッセイにしたのがこの本、『底辺女子高生』です。〝裏檸檬〟という感じでしょうか。高校時代に、彼氏がいなかった人にぜひ読んでいただきたいです（笑）。

2006年に発表された、豊島ミホ『底辺女子高生』（幻冬舎文庫）。青春をめぐる自意識は、時に必要以上に自己を卑下する結果となる

しかし、私自身は実際にこの『底辺女子高生』を読んでみて、地味で底辺の高校生活だとはどうしても思えなかった。ネタバレになるので詳しくは書けないが、家出や寮生活のエピソードなど、これはこれで十分に「青春っぽい」では

ないかというのが、率直な読後感である。特に、補習に補習を重ねてようやく迎えた豊島のためだけの卒業式のシーンなどは、正直読んでいて目頭が熱くなった。もちろん、それは豊島の筆致によるところも大きいだろう。だが、高校時代特に破天荒なこともせず笑える話も泣けるエピソードもない私のような人間[53]からすると、豊島は立派に青春していたように思えてならない。

とはいえ、別にそのことで豊島に文句をいいたいわけではない。ここで重要なのは、それでも豊島自身はそれが「底辺」の「地味」な青春だったと認識している点である。と同時に、田口や姫野と同様、その地味な青春は描きたいこと、もっといえば描くべきこととして捉えられている。そのベースにあるのが、世に氾濫する青春イメージへの懐疑なのである。

地味だからこそ価値がある!?

地味な青春をめぐる語りを、もう少しだけ見ていくことにしよう。

相沢沙呼（一九八三年生まれ）は、一〇代を主人公にした学園小説を多く書いている作家のひ

53　何かないか思い出そうと頑張ってみたのだが、本当に何もない。体育の授業や人間関係のもつれなど、ただ単に苦々しい思い出ならあるが、笑いにも涙にも結びつきそうにない（あ！　実は「底辺男子高生」だったのか?!）。強いてあげれば、神戸に住んでいた高校二年生の冬に阪神・淡路大震災に遭い、半年ほど通常の高校生活に戻れなかったことぐらいだが、それも青春特有の思い出というのはちょっと違う気がする（いろいろと人生観に影響を受けたとは思うが）。

とりである。学園ものに題材を多く求める理由については、次のように語っている（「著者インタビュー　相沢沙呼」『小説TRIPPER』二〇一二年春号）。

　一つには自分が学生の頃、うまく生きていけず、悩みや苦しみがたくさんあった。その経験を形にしておきたいという気持ちが強いんです。もう一つは、小説の、特にエンターテインメントの分野で書かれる青春の中では、登場人物が十代には思えないほど大人びていて、格好いいことが多い。でもそれは、僕が知っている〝青春〟ってものとはどうも違うなあと感じることがあって。

記事ではこの語りを受けて、「自分の考える、もっと情けなく、リアルな青春を物語にしたいという気持ちが強く、青春小説を書き続けることに格別の思いがあるのだという」とまとめられている。

あるいは、「安易な成長を描かない作風でデビュー時から注目を集めた」という作家・阿川せんり（一九八八年生まれ）も、「小説やマンガでは、自分には何もないと悩む主人公が夢中になれる何かに出合《ママ》って成長する物語が王道。でも、私の中には『もし何にも出合《ママ》えなかったらどうするんだい？』という素朴な疑問があります」と語る（「Entertainment News 阿川せんり『ウチらは悪くないのです。』」『ａｎａｎ』二〇一九年三月二七日号）。この記事では、阿川の小説『ウチらは悪くないのです。』（二〇一九年）について、「何者かにならなきゃいけない、恋愛くらいしなくちゃいけない、とがんじがらめになっている人にエールを贈るような一冊」とも書かれているが、これは注目すべき指摘だと思う。ここでいう「何者かにならなきゃいけない」「恋愛しなくちゃいけない」は、まさに輝ける青春イメージそのものであり、それに「がんじがらめになっている人」が少なからず存在するからこそ、このような作品は救いになるといっているからだ。阿川はさらに、「大人になってから『学生時代に、もっと青春しておけばよかった』という人がいるけれど、そんなふうに記憶を上書きする必要はあるのかなと。友人と一緒だった他愛ない時間とかが『それなりに楽しかった』なら思い出上等。そんな青春があってもいいじゃないかと思うんです」とも語っている。ここに見られるのもやはり、地味な青春の肯定による、青春イメージの「王道」に対するアンチテーゼであることは明らかだろう。

最後に、二〇二〇年に公開された映画『君が世界のはじまり』をめぐって、出演した金子大地（一九九六年生まれ）と松本穂香（一九九七年生まれ）が、それぞれ「青春を美化したような作品ではなく、よく青春ものの作品で描かれるようなキャラクターではない人たちの葛藤を描いていて、今までにない映画だと思いました」「青春ドラマというと、野球とか運動部を描くものが多いけど、この映画はそこじゃない。なにか目標に向かって頑張る人たちの話ではなく、ただちょっと閉じ込められている人たち、窮屈な気持ちをもつ子たちのお話」と語っていることをあげておこう（小竹亜紀「松本穂香と金子大地が生きた〝美化していない〟青春」『キネマ旬報』

二〇二〇年七月二三日号）。ここでもやはり、「ベタじゃない青春」が描かれていることに作品の価値が求められていることがわかる。

だいぶしつこく同様の語りを見てきたが、それは、この種の語りが決して珍しいものではないことを示したかったからである。そして、このような語りにしばしば遭遇することに、私はどうも違和感を覚えてしまう。その違和感とは、地味な青春は本当に描かれることが少ないのか、ということである。

思い返してみれば、九〇年代に入るころから、青春表象においては等身大の若者を描くことが主流化していった。そして、友情や恋愛といった個人の人間関係にフォーカスする青春の描き方は、政治や革命への志向性を抱え込んでいた「かつての青春」に比べ、当初はたわいもないこととも思われていた。そういう意味では、友情や恋愛、ましてや部活や学校生活の日常など、すべて「地味」なことといえなくもない。

いやしかし、だからこそ「青春っぽい青春」を送れるかどうかという問題が、大きな意味を持つのである。社会変革や立身出世など、達成すべき将来の目標が設定できるのであれば、そのために現在を犠牲にすることも有意義でありうる。しかし、そういったリアリティが失われたからこそ青春は現在志向になったのであり、青春時代の意味や輝きをあとから挽回することが不可能（と思われるよう）になったのである。だから、「輝かしい青春」のイメージは、当事者たちに「学生時代に実現・達成しなければならないこと」として、必要以上のプレッシャーを与えているのではないか。そのことが、実際以上に「地味な青春は等閑視されている」という認識を生み出しているのではないか、とも考えられるのである。

第七章

大人の結論

――それでいいじゃないか、の心

第五章・第六章と、「地味で暗い青春」や「中途半端な青春」についての語りをいろいろと見てきたわけだが、その中で大きく二つの疑問が浮かび上がってきた。一つは、なぜ取り立てて何もなかったはずの中途半端な青春について、語ったり描いたりしたがる人が少なからずいるのか、という疑問である。もう一つは、暗く地味な青春は実際にはごくありふれたリアルな青春だと考えられている一方で、コンテンツとしてはあまり描かれないと思われているが、本当にそうなのかという疑問である。

勘の鋭い読者の中には、これまでの記述のうちに、その答えと思しきものが垣間見えていることに気づかれた方もいるかもしれない。この章では、改めてこの二つの疑問にある程度はっきりした答えを示すことで、青春ダークサイドシリーズの締めくくりにしたいと思う。

反動から生まれる表現

話の順番としては、二つ目の疑問から考えていく方がわかりやすいだろう。地味で暗い青春は本当に描かれることが少ないのか、という問題の方である。

学術的に答えるのなら、厳密な手続きを踏んで計量分析をすべきところなのかもしれない。しかし、私も読者のみなさんもそんなことにはあまり関心がないと思うし、それは本質的なことではない。

この問題にとって重要なのは、実際の数の多少にかかわらず、どういうイメージが青春の「主流」「王道」だと認識されているか、その印象の方にある。

すでに再三指摘してきたように、高度成長期以降における青春の「主流」「王道」とは、学生生活が充実していることの一点に尽きる。逆にいえば、何らかの意味で学生生活に不足な点があれば、いとも簡単にそれは「暗くて地味な青春」という評価につながってしまう。だから、ここでの「主流」「王道」とは、それが「標準」であることを必ずしも意味しない。むしろ、「完全体」といった方が的確だと思う。

実際、「青春っぽい」ことに関わるミッションを全てクリアしていくのは、なかなか難儀なことである。たとえば、彼氏・彼女ができなかった、部活で記憶に残るような出来事がなかった、クラスの中で居心地が悪かった……などなど、このうちどれか一つにでも該当していたら

（仮に他の要素はクリアしていても）、本人としては「暗くて地味な青春」と認識されてしまう可能性があるのだ。

たとえば、「青春ポップ・デュオ」をコンセプトに掲げて活動していたバンド「Baby&CIDER」[54]が、そのようなコンセプトを掲げた理由について語っている次のインタビューを見てみよう（「三十路の青春こんにちは」『音楽と人』二〇〇三年五月号）。

——まあ、そんなステキな青春ポップ・デュオなんですけど。そんな2人の学生生活はどんなものだったんですかね？

かせきさいだぁ「いい思い出あるわけないですよ！　ないから、こういうことを僕らはやってるわけで」

——そうなんです！　これはやはり満たされなかった学生生活へのリベンジが含まれているのではないかと。

かせきさいだぁ「含まれてますよ！　だってね、学生をエンジョイしたヤツはこんなことやらないよ。そのまんま社会人になって、それをまたエンジョイするんでしょ。僕にはそんな思い出……、とにかくなかった」

ワタナベイビー「ないですねぇ！」

——悲しい2人だなー。

ワタナベイビー「そういう青春の風景に僕はいませんでしたからねぇ（しみじみ）」
かせきさいだぁ「僕はね、わりと昔からひとりでいたんですね。学校ではみんなと仲良くやってるけど、学校終わったら、ひとりになって。自分の興味あるものをどんどん掘り下げるのが好きだったから」

「学校ではみんなと仲良くやってる」と語っていることから、学生生活はそれなりに順調だったはずである。「自分の興味あるものをどんどん掘り下げる」のも、時間に余裕がある青春時代ならではの姿のように、私には思える。しかし、二人の認識においては、満たされた学生生活の思い出はなく、「青春の風景に僕はいませんでした」ということになっている。そのような青春に対する欠損の感情が、彼らを「青春ポップ・デュオ」というコンセプトに駆り立てたというのである。

この話と共通する点の多い、ミュージシャンのハナエ（一九九四年生まれ）の声に耳を傾けてみよう（神田桂一「犬とキャラバンと祝祭と　第3回　ハナエ」『週刊金曜日』二〇一四年一月二四日号）。同年代と趣味が合わず「変な子扱い」され、「超目立たない、教室の隅っこで喋らなくて、超地味な女の子」だったという彼女は、「学校が超嫌い」で「学校に行きたくない、という思い

54 読み方は「べいびーあんどさいだぁ」。ホフディランとしての活動を休止中だったワタナベイビーと、ヒップホップアーティストのかせきさいだぁ≡（現・かせきさいだぁ）の二人により、二〇〇一年に結成された（ともに一九六八年生まれ）。

がエネルギーになっていましたね」と話す。では、そのエネルギーは具体的にどこへ向かうのだろうか。

私の青春は、なんだろう。でんぱ組.incのライブとかに行くと超青春だ！　とか思いますけど。もしかしたら私の創作モチベーションは青春を取り戻したいということなのかもしれない。ライブで、みんなで集まって楽しいねっていうことをやったことがなかったので。イベントをやると、みんな同じものを体感して揃って楽しんでくれる。歌うことによって青春を取り戻したいってことはあると思います。

この語りには、青春に対するコンプレックスが絶妙に表れている。地味で「変な子」だった自身の学生時代は、今の創作モチベーションにつながっているという意味では、否定されていない。しかし、そのモチベーションの向かう先は、学生時代にできなかった「みんな同じものを体感して揃って楽し」むことであり、それは「青春を取り戻」すことだと表現されている。ということは、地味で暗かった学生時代は、やはりそれ自体では肯定されえないものなのである[55]（それにしても、一九歳で「青春を取り戻したい」という発言が出てくるのは驚きだ。青春が年齢ではなく「学生時代」と強固に結び付けられていることの証だろう）。

さらにもう一人、作家の雨宮処凛（一九七五年生まれ）のケースも見ておこう（雨宮処凛「最後

の読書　不発の青春だったけれど」『週刊朝日』二〇一五年九月一一日号）。雨宮は、自身の小説『バンギャル　ア　ゴーゴー』（二〇〇六年）について、「自分の体験をベースにはしている」ものの、実際の自分にはなかった「私の理想の青春」を描いたものだという。

私の青春は悔いだらけで、親友もなく、記憶に残るような恋もなく、いつもお金がなくて、とにかく不発で終わった。追っかけはしていたものの、主役はステージの上のミュージシャンであり、ライブハウスにいる年上の綺麗なお姉さんたち。私はいつも、ライブハウスの隅で膝を抱え、家を出る前に「ライブなんか行かないで勉強しなさい！」「絶対行く！」と大喧嘩して出てきたお母さんの顔を思い浮かべ、「家に帰ったら怒られるんだろうな……」と溜め息をついていた。そんな青春。
だからこそ、「不発じゃない青春」を描いた。書きながら、「これって自分の自分による自分のための小説だな」と思った。そう、その時、漠然と思ったのだ。私、死ぬ前、きっとこれ読み返すだろうな、と。

雨宮がこの作品を書いた動機も、不発だった自身の青春への後悔であった。そこから、その

55　「青春っぽさ」に対する憧れを素直に表出できないこのようなコンプレックスのありようは、アニメ『涼宮ハルヒの憂鬱』（二〇〇六年）で描かれたそれにかなり近い。この点について、詳細は宇野（二〇〇八）を参照。

後悔の念は、「理想の青春」を表現することに向かっているのである。

もう多くの説明は要すまい。ここに取り上げた三つの事例に共通して見られるのは、「青春っぽくない青春」を過ごした（と自己認識している）者たちが、その欠落を埋めるため「青春っぽさ」の表現・発信に方向づけられる様子なのである。[56] これは、第五章で指摘した「ギャップを埋めるための青春消費」に通じる志向性といっていい。

王道あっての「欠落」

しかし、考えてみると少し不思議である。みうらじゅんや田口トモロヲ、豊島ミホらは、地味で暗い青春を送ったという自己認識ゆえに、それをありのままに表現する方へ向かっていった。前節で見た三者の方向性は、同じような認識から出発しながら、これらと正反対に分岐しているわけである。何がこのような分岐をもたらすのか、それは今のところはっきりとはわからない。[57] しかし重要なことは、青春への欠落意識が「青春を描きたい」という表現欲求に結びつくとき、それは「青春っぽさ」をなぞる方向にも、それに異を唱える方向にも、どちらにも進みうるという点である。

そもそも、「青春っぽい青春」を送った者にとって、もう一度それを表現したいと思うような欲求が湧き上がることはおそらくないだろう。この点について、劇作家の岩松了（一九五二年生まれ）は、次のように語っている（「CLiQUE ANNEX STAGE　岩松了プロデュース公演VOL.4『センター街』」『クリーク』一九九五年四月五日号）。

> 頑張っている姿をそのまま見せて平気な人間と、恥ずかしいから頑張ってないように見せようとする人間がいる。青春の盛りを生きたって言う人は、きっと平気な人だと思いますね（笑）。僕は恥ずかしいほうだったから、青春を過ごしたって意識がない。でも、そういう人間こそ、青春の姿をちゃんと描ける立場にいるとも思うんですよ。

青春を描きたがるのは、いつも「青春を過ごしたって意識がない」者なのだ。そのようなある種の「欠落」意識は、先行する「主流」「王道」の青春イメージとの比較対照によってもたらされたものであるといっていい。つまり、「地味で暗い青春はあまり描かれない」という認識は「主流」「王道」の青春イメージの裏にぴったりと貼りついていて、それとワンセットの

56　おニャン子クラブから48系グループ（AKB48など）、近年の坂道系グループ（乃木坂46など）に至るまで、作詞家として繰り返し青春イメージを量産し続ける秋元康（一九五八年生まれ）も、これと同様である。秋元は高校在学中に放送作家としてデビューしそのまま業界人となったため、自身の中では「17歳から止まったまま」青春がスッポリ抜け落ちているという（大貫真之介「過去の発言から考える　秋元康はなぜ青春高校3年C組を生んだのか」『EX大衆』二〇二〇年二月号）。筆者は以前から、秋元が描く青春イメージは妄想的で現実感に乏しいと感じていたのだが、その理由はどうやらこのあたりにありそうだ。

57　考えられる可能性としては、地味で暗かった青春を間違いと捉えるかどうか（逆にいえばキラキラした青春を正しいものと考えるかどうか）の差ではないか。差といっても、ゼロイチではなく程度の問題だと思うが。

前提としてはじめから存在しているのだ。そのうえで、「自分の青春には何かが欠落していた」という認識から新たに生み出される青春表象は、王道イメージをなぞるものとそれに反旗を翻すものとに分かれる。結果として、「欠落した青春」という意識に端を発した表現の一部は、先行する王道の青春イメージの補強につながってしまうのである。このことは、「欠落した青春」に正面から向き合いたい(?)と考える陣営からは、裏切りあるいは寝返りのように映じるのではないだろうか。そして、そのことによって、「地味で暗い青春は描かれない」という認識がますます強化されていくのではないだろうか。

これが、地味で暗い青春についての語りや表現は決して少なくないにもかかわらず、「それはあまり描かれない」という認識、というより錯覚を生み出してしまう理由だと、筆者は考えている。

あの頃に戻れないからこそ

実は、これで第一の疑問にも半分は答えたことになる。つまり、地味で中途半端な青春についての語りや表現というのは、そういった語りや表現が少ないという感覚(錯覚)に端を発する、いわば反発心の発露であるということだ。

では残りの半分は何だろうか。それは、欠落を埋めたいというより、それも含めてありの

2002年から2004年にかけて連載され、2006年に映画化された恩田陸『夜のピクニック』（新潮文庫、2006年）

ままを「あれが青春だったのだ」と懐古しつつ、青春を再体験・再発見したいという表現欲求である。要するにこれは、時間の経過に伴う認識の変化によるものだといってよい。

例として、小説『夜のピクニック』（二〇〇四年）の映画化にあたって、原作者の恩田陸（一九六四年生まれ）と映画監督の長澤雅彦（一九六五年生まれ）が行った対談を見てみよう（「『夜のピクニック』の世界　映画化特別対談　恩田陸（原作者）×長澤雅彦（映画監督）」『野性時代』二〇〇六年一〇月号）。この作品は、恩田の母校である茨城県立水戸第一高等学校の伝統行事「歩く会」（生徒が一昼夜かけて七〇キロを歩き切る行事）を題材としたものである。[58]

両者は、「僕の青春は暗かったですからね。何もいいことがなかった。野球をやっていたけれど甲子園に出たわけでもなく、大恋愛をしたわけでもなく、あー青春しとくんだった、というのが実感です」（長澤）、「実際の青春て、かなりみっともないしみすぼらしいもの」（恩田）

58　私の通っていた中高にも、三二キロを五時間以内に踏破する「強歩会」なる行事があった。実態はマラソン大会なので走ることが自明視されていたが、私は「〝強歩〟だから歩いても文句ないやろ」というスタンスで徒歩を貫き、最下位でゴールしたことがある。その年の体育の成績評価でこれ見よがしに学年最低点を付けられたことも、私の暗黒の青春を彩る一コマである（いや、暗黒だから彩りはない）。

というように、青春とは暗く地味なものだという認識を共有する。しかしそのうえで、「でも、何もなかったことが逆によかったなぁと今になって思うんですよ」（長澤）、「あとで思い返すとあれが青春だった、って思う」（恩田）というように、そのような暗くみすぼらしい時代こそ青春だったのだ、と肯定的に意味づける。そして、そのように青春を捉えられるようになるのが「大人になる」ことであり、青春をめぐるコンテンツはそのような大人にとってこそ必要なのだ、と次のように語り合う。

恩田　私は、自分がティーンエイジャーだった頃は特に、青春を描いたドラマや映画、小説が大嫌いだったんです。でも、大人になるにつれて嫌悪感も薄れていって、最近は、むしろ大人のために必要なのだと思うようになりました。振り返る、というほどうしろ向きではないんですけど、そういう作品には青春時代を通り過ぎた今だからこそわかる要素がすごくあって、それを確認するためのものだから、当事者にとっては全然必要ないんですよね。

長澤　まさにその通りだと思います。青春小説や映画を大人が欲することは、振り返りではないんですよね。劇場に来ると、その2時間はいろんなことを考えずに、人生のある時間を棚上げして物語の世界に入っていけるし、小説を読んでるときも、電車の中だろうがなんだろうが物語の中で生きてる自分を疑似体験できる。そういう意味では、現実に青春を生きてる人にはいらないもので。もちろん、10代の人たちにも観たり読んでもらって、自分の今はどうだろう？　と思ってもらえれば幸せなんだけど、やっぱり青春て、大人が失ってしまったもの、もう手に入れられないものなんです。で、そういうものを何か形にしたいという思いが表現の原動力になると思うから、この映画を観る人たちにも、そういうところを感じて浸ってもらえるといいなぁと思います。

恩田の発言からは、青春コンテンツを嫌いそれに反発することも、ある意味青春らしい反応であることがうかがえる。[59] 似たようなことは、別の対談で朝井リョウも「自分が現役の高校生だった頃は、清涼飲料水のＣＭとか見て、制服を着た男子や女子の爽やかなワンシーンを『はいはい、大人の作りモノね』と冷めた目で見ていたのに、最近はなんかキュンとするんですよね」と語っていた。[60] 青春時代が安心して懐古できるようになったからこそ、ありのままの青春を表現し、消費することが可能になるのである。

青春コンテンツが、このように大人の消費によって支えられていることについては、「ハン

59　青春時代に、「その言葉に含まれる、明るく輝かしいイメージと、ただ単に若いというだけが取り柄で、実際には地味で、暗い日々を送るだけの現実との乖離に、常に居心地の悪さを感じていた」という作家の八本正幸（一九五八年生まれ）は、メディアが描く青春イメージに反発・反抗していた若かりし頃の思いを自身のサイトに綴ったところ、一〇歳以上年下の者から「それは立派な青春ですよ」と突っ込まれたという（八本正幸「『キズナドラマ』と童貞ボーイの上京物語」『中洲通信』二〇〇五年七月号）。

60　「最新『青春エンタメ』研究　柚木麻子×朝井リョウ」（『ａｎａｎ』二〇一三年九月二五日号）。もっとも、当時二四歳だった朝井は続けて「狙って作られた青春像に、素直に乗ってしまう自分が許せない（笑）」ともいっており、青春イメージを受容することへの葛藤が表れていて面白い。

カチ王子」と呼ばれた斎藤佑樹（一九八八年生まれ）や『冬のソナタ』のペ・ヨンジュン（一九七二年生まれ）がブームとなっていた二〇〇六年に、スポーツジャーナリストの二宮清純（一九六〇年生まれ）が興味深いことを語っている（はらの結梨「２００６年下半期ヒット・ビジネスのキーワード、それは『青春』だった！」『ＤＩＭＥ』二〇〇六年一〇月一七日号）。

――一連の報道を見ていると、同世代の人からよりも、大人たちが騒いでいる気がするのですが……。

「人間は、失ったものに対する思い入れが強いもの。とくにわれわれの世代は、スポ根ものので育った世代。アニメでは『巨人の星』や『あしたのジョー』が。青春ドラマでも、何かしらスポーツをしていた。その頃から、〝青春は美しい、二度と戻らないものだ〟と深く洗脳を受けてきたから、彼らの生き方には、近しいものを感じますね。

ヨン様好きのおばさまが斎藤くんに夢中になるのは、自分の失った美しい過去への憧れだと思うんです。彼女たちにとって斎藤くんは、純白の10代を端的に取り戻してくれる存在になっている」

青春ドラマやスポ根アニメによって「〝青春は美しい、二度と戻らないものだ〟と深く洗脳を受けてきた」という発言は、まさにここまで述べてきたことを裏書きしてくれる。そして、そのような「洗脳」を受けながら青春時代を通過したからこそ、大人になってから青春を消費したがるのだというのである。安心して青春を消費できるのは、ある意味、当事者に戻ることが絶対に不可能であればこそということもできる。

考えてみると、これはちょっと恐ろしい気もする。青春を消費したい欲望が青春イメージの「洗脳」によって喚起されたものであるなら、それは完全に没主体的欲望だということになる。消費社会における欲望とはそういうものだという見方もできるが、本来はイメージに過ぎないものが生き方まで左右するほどの影響力を与えるとなると、単なるモノの流行り廃りとはあまりにもレベルが違う。青春とは何と罪深いものなのかと、改めて思ってしまう。

それもまたよし、の境地

当事者である中学生や高校生にとって、自分たちの現実の日常生活は、地味で中途半端だと感じられることも多い。しかし、大人になると、そのことも含めて青春はそれ自体キラキラ輝いたもののように懐古される。地味で暗く中途半端な青春を語りたい・描きたいという欲望は、大人になって初めて、自分だって十分青春を送ったじゃないか、といってみたくなる境地に至ったからこそ生まれるのではないだろうか。

とはいえ、大人が「若いっていいね〜」と軽い気持ちで口走って、若者を不快にさせてしまうことがあるが、地味でも十分青春だったんだ！などとてらいもなくいうことも、これと相通じるものがある。もしかして、これがまた青春への屈折した思いを若者に抱かせ、次の青春コンテンツを生み出す原動力に変換されるのかもしれない――などと考えてしまうが、話が終わらなくなりそうなので、このあたりでとどめておくことにしよう（と、ひとまず逃げてしまっても葛藤を覚えないのは、たぶん大人になった証拠）。

第八章

恋愛至上主義の果てに

青春といえば恋愛、そして性の話題とは切り離せないと思う読者も少なくないだろう。本章では、このことについて考えていきたいと思う。

とはいえ、これはジェンダー研究やセクシュアリティ研究とも絡んでくる、かなり大きなテーマである。本格的に論じようとするならば、新たにもう一冊（くらいでは済まないと思うが）書かなければならないくらいだ。[61] だから、本書ではあえてテーマとして取り上げないことも考えた。けれども、それはそれで「青春をテーマにしておきながら、恋愛や性の話が出てこないのはおかしい」とツッコミが入るだろうことは、容易に想像できる（悲しい学者の性）。

61　特に漫画を中心としたメディア文化においては、青春と恋愛・性という主題はしばしば異性愛に限られない性愛の関係を描いており、それも重要な研究テーマである。だが、著者の力量の問題もあって、本章では異性愛の恋愛に限定して論を進めることをあらかじめお断りしたい。

そこで、ここでは「青春と恋愛の結びつき方」の変遷に焦点を絞ってみることにしたい。これまで見てきた青春にまつわる諸々がそうであったように、青春と恋愛の関係性も歴史を通じて不変だったわけではない。戦後日本においてそれはどのように変化してきたのか、その前史にも触れながら概観してみることを本章のテーマにしようと思う。

男女共学前夜

すでに第二章で詳しく書いたことだが、青春とは、学校教育の普及によって学生時代が長期化し、子どもでも大人でもない「青年」が誕生したことで発生した、歴史的な産物である。そして、社会的に一人前とされる時期と身体的成熟を迎える時期がずれるようになったことで、恋愛や性の「悩み」がそこに附随して発生してくる。青年は「未熟な存在」であるがゆえに、身体的・性的な成熟とはそもそも非常に折り合いが悪いのだ。

そういうわけもあって、高度経済成長期より前の「かつての青春」において、恋愛は成就すべからざるものとしてあった。三浦雅士はそのことを、「学生にとって青春とはまず社会的覚醒であり、革命であり、政治的かつ芸術的前衛であり、恋愛であり、その挫折であった」と端的に述べている（三浦 二〇〇一、一六頁）。

なおかつ、「かつての青春」は男の物語であり、男の専有物であった。青春を語り、描くことのできる者が男に偏っていたのだから、それも必然である。だから、「かつての青春」における恋愛とは、対等な人格どうしの交流ではありえなかった。[62]そこでの恋愛の挫折とは、男にとって都合のいい「聖母」かつ「娼婦」としての女（という幻想）に、一人で勝手に身もだえすることであったといっても大きな間違いではあるまい。

そもそも、現在よりもいっそう、男女が「別の生き物」のように考えられ扱われていた時代の話である。学校教育ということでいえば、男子校・女子校に分けることが当然視され、青年期に日常的に異性と関わりを持つ機会は、今よりも圧倒的に少なかった。特に、義務教育以外は完全な男女別学体制が敷かれていた戦前の日本において、このことはよくあてはまる。[63]だからこそ、敗戦後に占領軍の主導で推進された「男女共学の原則」は、青春と恋愛の関係に変化をもたらす大きな契機となったのである。[64]

62 恋愛という観念の男性中心性については、田中（二〇一九）を参照。
63 戦前の男女別学体制については、小山編（二〇一五）などを参照。
64 男女が手を取り合うフォークダンスのイメージが、やたらと「戦後教育」の象徴として持ち出されることを想起されたい。ただ、男女共学はあくまで「原則」であり、地域によっては公立高校の男女別学が維持され続けたり、同じ高校に通いながら男女生徒間に溝ができたままだったりしたケースも少なくなかった。当然ながら、男女共学の原則によって、それまでのジェンダー観が一気に払拭されたわけではないからである。このあたりの詳細については、小山・石岡編著（二〇二一）を参照されたい。

「純潔教育」と「不純異性交遊」の時代

とはいえ、それまであまりにも当然のことと考えられていた男女別学が男女共学へ転換されるにあたって、日本社会には少なからぬ抵抗感があった。その要因はいくつかあったが、本章のテーマに即していえば、それは「風紀問題」発生への懸念である。[65] 要するに、男女が同じ空間で長い時間ともに過ごすことにより、恋愛や性にまつわる種々の「問題」が多発するのではないかということが危惧されたのだ（何たる短絡的な発想かと思うが、そういう時代だったのだとしかいいようがない）。不安視されたほどの問題が実際に起きたかどうかを知るのはなかなか困難であるが、マスメディアはこの手の「問題」をセンセーショナルに取り上げがちであり、懸念が完全に払拭されることはありえなかった。

そうした社会不安への対応の一つとして、文部省が当時推進していたのが「純潔教育」である。[66] 男女交際そのものは是認しつつ、それを「清らかな交際」の範囲にとどめることが、この「純潔教育」の主眼であった。要するに、プラトニックラヴの公的推奨である。それがどの程度功を奏したのかを知ることもまた難しいが、文部省が「純潔教育」によって青春と恋愛の関係を一定の型の中に収めようとしていたことは間違いない。

では、この時代のメディア文化において青春と恋愛・性はどう扱われていたか。「純潔教育」の路線に連なるものとしては、昭和三〇年代に流行した「純愛もの」があげられる（藤井一九九四など）。その代表ともいえる河野實（一九四一年生まれ）『愛と死をみつめて』（一九六三年）が、映画などさまざまな媒体で展開されて一大ブームとなったことはよく知られている。また、これに続く一九六〇年代後半、テレビで青春ドラマが量産されていったことは、第三章で見た通りである。[67] 一方で、青春と恋愛・性をめぐる逸脱、あるいは暴発を描く作品も少なくなかった。いうまでもなく、その代表は石原慎太郎の『太陽の季節』（一九五五年）であろう。これも映画化されて人気を博し、それに感化され逸脱的な行動に走る若者たちを生み出したといわれている。そうした若者たちは「太陽族」と称され、この言葉は流行語ともなった。

このように、「清らかな男女交際」を求める勢力と、性的逸脱を過激に描く勢力が混在していたのが一九五〇―六〇年代の状況だったといえる。それは、青春と恋愛の関係が動揺していたことの表れでもあろう。それだけ、日本社会はまだ青春と恋愛の扱い方に慣れていなかったのである。

ただ、「純潔だ」「不純だ」とあれこれ騒がれている一方で、現実においては時代を経るにつれて男女交際の機会は自然と増えていき、徐々に当たり前の光景になっていく。だが、それで

65　他の要因については、小山（二〇〇九）などを参照されたい。
66　もともとは私娼の取り締まりという文脈から登場した対策が、男女共学の実施に伴って「純潔教育」に変化したという経緯がある。この点について詳細は、小山（二〇一四）を参照。
67　これらの青春ドラマは必ずしも恋愛を主題としたものではないが、それも含む悶々とした感情をスポーツで発散し解決することを志向するという点で、青春と恋愛の関係に対する一つの定型的回答であるとはいえる。そして、やはりここでも青春は「男のもの」としてある。

「めでたしめでたし」というわけではもちろんない。男女交際がごく普通になったことによって、青春と恋愛をめぐる新たな「問題」が立ち上がってくるからである。

「童貞」というスティグマの誕生

青春時代に恋愛することが当たり前のものになった。それによって新たに生じる問題とは、恋愛経験（そして性経験）がないことが青春の「欠落」になり、さらにはその原因が個人に帰属すると見なされるようになったということである。

たびたびの登場で恐縮だが、最も早い時期にこのような青春の問題に直面した人物として、やはりみうらじゅん（一九五八年生まれ）の名をあげないわけにはいかない。彼が「青春をこじらせた」ということの中身にはいくつかの側面があるが（ボブ・ディランに憧れて外国人になりたがった、など）、その中で恋愛や性へのとらわれという点は無視できない。映画化もされたみうらの自伝的小説『色即ぜねれいしょん』は、童貞の男子高校生がフリーセックスの島を目指すという物語であり、みうらの「こじらせ」を象徴的に示すものである。

しかし、ただ単に性への興味が昂進しているだけなら、「こじらせ」には至らない。強く興味を惹かれる一方で、性に対する恐れや不安があるからこそ、こじらせるのである。このことについて、映画『色即ぜねれいしょん』の監督を務めた田口トモロヲ（一九五七年生まれ）、主人公の父親役で出演したリリー・フランキー（一九六三年生まれ）、そしてみうらによる対談を見てみよう（みうらじゅん＋リリー・フランキー＋田口トモロヲ「座談会　僕らの『童貞時代』を語る」『週刊朝日』二〇〇九年八月二八日号）。

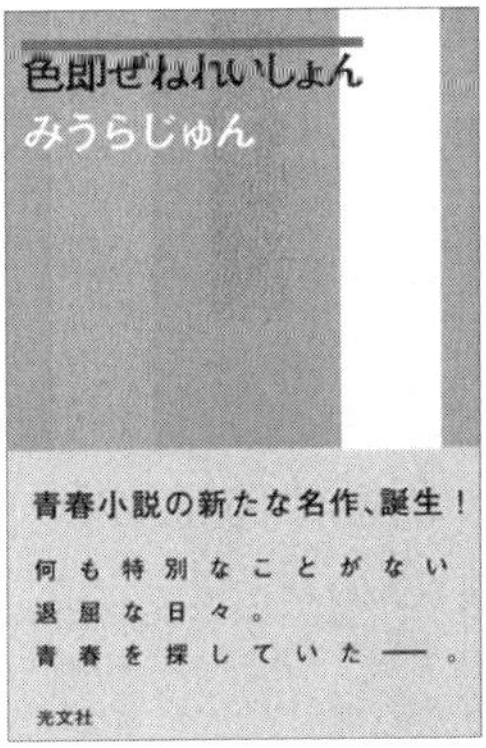
色即ぜねれいしょん
みうらじゅん
青春小説の新たな名作、誕生！
何も特別なことがない
退屈な日々。
青春を探していた──。
光文社

みうらじゅんの半自伝的小説『色即ぜねれいしょん』は2004年に光文社から刊行され、2009年に映画化された

リリー　小学生のとき近くの空き家に白黒のエロ本が落ちててね。女の人がパカーッて股広げてるんですけど、それを毎日学校帰りに見に行こうって誘うヤツがいて。でもオレ、すごくいやだったですよ。そういう性的なものを笑えないっていうか。友達の性欲とか見るのが怖くて。

みうら　僕も当時やたらエロ映画に誘う友達がいて、やっぱりいやだったですよ。下品なことを堂々と言うヤツが怖かった。そんなだから、どこにも所属できなかったんでしょうね。

（…）

リリー　いや、当時はすべてが怖かったですよ。大人的なこと、性的なことに交わっていける自信がなかったし、そう思ってることを知られるのも怖い。

みうら　そうそう。

恋愛や性経験へのアクセスがしやすくなったからこそ、逆にそれが「できない」ことがスティグマとなる。そして、そのことはできない人間の人格的問題と見なされる。リリーの「そう思ってることを知られるのも怖い」という発言はそのような状況を示すものであり、それが一九七〇年代以降に青春と恋愛・性をめぐって起きたことなのである。

このことは、「童貞」が蔑称としての意味を持つようになった時期と、ほぼ一致する。澁谷知美（二〇〇三）によれば、一九六〇年代半ばまで「美徳」として肯定的な意味を持っていた「童貞」は、六〇年代後半以降「恥ずかしいこと」として徐々に否定的なニュアンスを強めていき、八〇年代に入るころには完全にマイナスイメージを持つものとなった。そのプロセスにおいて、「童貞」は単に性経験がないということだけでなく、マザコンなどと結びつけて病理化され、人間的魅力を欠く存在として位置づけられるようになったという。これはまさに、先に見た青春と恋愛・性の関係の変容によってもたらされたものだといってよいだろう。

ただし、これも「童貞」というのがポイントで、相変わらず青春と恋愛の問題は男性ジェンダー的問題としてあることが見てとれる[68]。このバイアスは現在に至るまでそれほど変わっていないようで、筆者が今回調べた範囲の資料では、「処女」が童貞と同様の文脈で用いられていたのは、芸人・白鳥久美子（一九八一年生まれ）が自身の青春のこじらせをネタにしたエッセイ『処女芸人』を出版したことに絡むものだけである[69]。もっとも、メディア文化の中、あるいは日常感覚的にも、少なくとも一九九〇年代以降は「処女」も明らかにスティグマ化していたと思われる。このあたりは、また別のテーマになってきそうなので、後続の研究に期待したい（他人任せ）[70]。

恋愛至上主義の興隆から「若者の恋愛離れ」へ

さて、さらに時代が進んで一九八〇年代、特にバブル期になると、堀井憲一郎（二〇〇六）が指摘するように、若者たちは各種業界のマーケティング戦略によって恋愛至上主義のレールに乗せられていくことになる。大学進学率は四割近くとなり、時間的・経済的に余裕のある若者が増えたため、そこが消費社会の絶好のターゲット層となった（なお、同時並行的に「オタク」という存在が浮上してきたことも重要である。恋愛至上主義に乗れない・乗らない層は、「オタク」方面で消費社会のターゲットとなったわけだ）。夏は海へ、冬はスキーへ、クリスマスは高級ホテルで恋人とともに過ごし、記念日にはブランドものをプレゼント……。若者に金を使わせるには、恋愛

68　「非モテ」と男性ジェンダーの関係については、西井（二〇二一）などを参照。

69　「編集者の手前みそ　宮川彩子（扶桑社書籍編集部）」（『ダ・ヴィンチ』二〇一三年三月号）のリード文「31歳、未だ処女！　非モテをこじらせた青春の記録」や、「著者に直撃！　白鳥久美子さん（たんぽぽ）」（『週刊女性』二〇一三年三月一二日号）のリード文「非モテをこじらせまくった青春を綴った初エッセー『処女芸人』が話題」など。なお、白鳥はその後同じく芸人のチェリー吉武（一九八〇年生まれ）と二〇一八年に結婚し、二〇二一年には第一子を出産している。

70　小説家の中沢けい（一九五九年生まれ）は、「女性はヴァージンじゃなくなると、もう大人になって『青春』はない。女性には青春小説が不可能な部分がある」と対談の中で発言している（三田誠広・井口時男・中沢けい「恋と革命の小説はどこへ行ったか」『中央公論』二〇〇八年二月号）。青春と性の関係は、やはり男女非対称であることがうかがえる。

至上主義を吹聴するのが一番効果的だったわけである。

こうして、青春時代にとって恋愛は不可欠のものとされていった。筆者は一九九〇年代に中・高・大学生時代を過ごしたが、このような風潮はまだ色濃く残っていたように思う。これが実はバブル期に人為的に形成されたものに過ぎないと後で知った時には、けっこうな衝撃を受けた。恋愛への欲求はあたかも「本能」に根差しているかのように見えるので、それが社会的に構築されたものだとは思いも寄らなかったからである。たぶん多くの同世代がそうなのではないか。

逆にいえば、この時代に青春時代を送った今の四〇―五〇代は、青春と恋愛の結びつきを最も強固なものとして信じ込んでいる世代だともいえそうだ。だから、二〇〇〇年代後半に「草食（系）男子」が注目されだした時には話題になったし[71]、さらに二〇一〇年代になって「若者の恋愛離れ」の傾向が明らかになると、少子化問題との関連もあって一種の「社会問題」として扱われるようになった[72]。だが、冷静に振り返れば一九八〇―九〇年代の恋愛至上主義全盛期の方が異常だったのであり、最近はむしろ少しまともになってきたのではないか、と筆者は思っている。

このような傾向は、文学の中にも表れている。近年の青春小説の中には、恋愛という要素をあえて外すものも見られるからだ。たとえば、額賀澪（一九九〇年生まれ）と朝井リョウ（一九八九年生まれ）は、対談で次のように語り合っている（朝井リョウ×額賀澪「わたしたち、たぶん一生青春します。」『小説現代』二〇一八年七月号)。

額賀　あと、私は小説の中で恋愛を書くことに興味がないんですよ。男女を出すには出すけど、くっついたりしない。部活で仲の良い男女がいたとして、そのままの距離感でゴールまで行ったりするんです。「この二人、なんで付き合わないの?」って、上の世代の方から結構言われますね。「一七歳ぐらいの男女が近くにいて何もならないのはおかしい」って。

朝井　そういえば私も、大学生の男女五人がアパートの部屋に集まるシーンに関して、上の世代の方々から「何でセックスしないの?」みたいに言われて驚きました。これが世代の違いってやつか、と。だって、何も起こらなかったですもん、自分の人生でも(笑)。それが不自然に見えるんだ、というのはビックリでしたね。

71　「草食男子」はコラムニストの深澤真紀(一九六七年生まれ)が二〇〇六年に使用したのが始まりとされている。その後も、哲学者の森岡正博(一九五八年生まれ)が『草食系男子の恋愛学』(二〇〇八年)を、ライターの牛窪恵(一九六八年生まれ)が『草食系男子「お嬢マン」が日本を変える』(二〇〇八年)を刊行するなどして、全国紙やテレビで取り上げられるまで人口に膾炙する言葉となった。その結果、二〇〇九年には新語・流行語大賞のトップテンを獲得している。なお、深澤は「草食男子」に肯定的な意味合いを込めていたのに、世間に流通するうちに「無気力な若者」という否定的なニュアンスに変わっていったことを、のちに嘆いている。

72　若者(中・高・大学生)の性行動に関し最も信頼できる調査は、日本性教育協会が一九七四年から継続的に実施している「青少年の性行動全国調査報告」である。その第八回調査結果(日本性教育協会編　二〇一九)によれば、性への関心・性に対する肯定的イメージ・性交経験率のいずれも、二〇〇〇年代半ばまでは上昇あるいは変化なしという傾向であったものが、二〇〇〇年代後半以降は減少傾向にある。また、内閣府が実施した「平成二十六年度　結婚・家族形成に関する意識調査」では、未婚で交際相手のいない二〇代のうち四割が「恋人が欲しくない」と回答しており、これが「若者の恋愛離れ」を示す結果として話題となった。

――青春に必要不可欠な要素が一個、欠けているじゃないか、という感覚なんでしょうね。

朝井　上の世代の方々にとって青春時代の主題は、恋愛だったのかもしれない。でも、我々の世代は、青春において恋愛が必要不可欠ではない気がします。なくても青春は成立する、というか。

額賀　あっても成立するけど、なくても成立しないわけじゃない、ですよね。

対談の中で「上の世代」といわれているのは、おそらく両者の一まわりか二まわり上の世代、つまり今の四〇―五〇代だろう。朝井や額賀の世代からすれば、「上の世代」は、男女が共に過ごす青春を安易に恋愛や性に結びつけ過ぎているように見えている。朝井が「だって、何も起こらなかったですもん、自分の人生でも（笑）」といっているように、「ありのままの青春」を描く現代の青春小説にとっては、必ずしも恋愛と結びつかない青春こそが自然な姿なのだ。

さらに、額賀は別のインタビューで次のように発言している（「額賀澪インタビュー　葛藤を抱えてあがいている人は、いつでも「青春」にいる」『文蔵』二〇一七年七月号）。

――男女が心を通わせるストーリーでも、関係が恋愛の方向にはいかないこともままありますね。

額賀　いろんな人から「期待が空振りに終わった」と言われるんですけど（笑）、『ウインドノーツ』の営業を担当して下さった方とこんな話をしたことがあります。登場人物がいろいろな悩みを抱え、もがきながら日々そのことについて真剣に考えているのに、そこに恋愛要素を入れ込んで「あなたが私のことを好きなら」「君さえいてくれれば」それでいい、という話にしてしまうと、その悩みは一体何だったのかということになってしまうよね、と。恋人同士になったことで、すべてが恋に収斂されて解決されるというふうにはしたくない。恋愛にいかないからこそ、彼らの悩みには意味があると思うんです。

ここからうかがえるのは、恋愛に還元されない大事な要素が青春には確かに存在し、それを描こうとする時に恋愛を持ってくるのはある種の「逃げ」ではないかという認識である。確かにそうだなと思わせる発言だが、では、一体どうしてそのように思えてしまうのか。おそらくそれは、「男女関係」が（今のところ必然的に）ジェンダーの非対称性を含み持ってしまうからではないだろうか。

そのことは、以下に引用する「キラキラ青春映画」をめぐる座談会に表れていると思う（「キラキラ青春映画、往古来今」『キネマ旬報』二〇一七年一月一五日号）[73]。そう、「若者の恋愛離れ」が問題視された二〇一〇年代は、一方で恋愛映画のブーム期でもあった（第三章参照）。一見矛盾し

73　中西愛子（映画ライター）・千浦僚（映画系文筆）・モルモット吉田（映画評論家）による座談会。

た状況だが、むしろこれは、恋愛がますますメディアコンテンツの中にしか存在しえないものとなっていることを意味していたのかもしれない。それはともかく、問題なのは、そこでの表象が現実のジェンダーバイアスを追認するものだということであり、この座談会ではそのことが厳しく糾弾されている。

千浦　そもそも男と女がくっついてハッピーエンドということがこのジャンルに限らず、世界の映画を見渡しても保守的で、現行の体制維持への呼びかけ、ソフトな洗脳だと思います。

（…）

千浦　まあ、「壁ドン」「顎クイ」「イケメン崇拝」なんていうのは、デートレイプそのほかの性犯罪の温床ですけどね。

中西　紙一重なんですよね。壁ドンもそれが欲望であると女の子が自覚的になってほしい。映画を見て、自分の中にそういうものがあると自覚することは、女の子が生きていく上で大切だと思います。

（…）

千浦　キラキラ青春映画の世界が、お金があるとか容姿がいいとかスポーツができるとかで人気があってチヤホヤされる奴がいて、そういう奴は何してもいいみたいなことを前提として認めているのはすごく異様だと思う。キャーッて言われる男子がいることはお話の都合上必要なのかもしれないけれど、それを食い破るような映画をやってほしい。

ここで指摘されているような映画での描かれ方だけでなく、こと恋愛にまつわる話題になると、男女の差異を強調するような言説は今でも非常に多い（毎日のようにLINE NEWSに出てくるので正直やめてほしい）。「若者の恋愛離れ」と称される現象も、そのような「男らしさ」「女らしさ」を要求される文脈に対する一種の拒否反応とも考えられるし、[74] 額賀や朝井が語っていたこともこのことと照らし合わせると理解しやすい。性別にかかわらずに「青春を共有する」姿を描きたいというとき、男女の非対称性がどうしても前景化してくる恋愛は、はっきりいって邪魔なのではないか。そう考えると、恋愛のあり方が既存のジェンダー秩序に絡めとられている間は、これからも青春と恋愛の関係はますます遠ざかっていく可能性すらあるかもしれない。

というわけで、かなりの駆け足で戦後日本における「青春と恋愛の結びつき方」を概観してみた。もっと掘り下げるべきポイントもあるかもしれないが、こうして概略を見渡しただけで

74 註71でも触れたライターの牛窪恵（二〇一五）は、若者の恋愛離れをもたらす原因の一つとして、男女平等が主張される社会の中で恋愛は男女不平等が強調される領域であり（男がおごるべき、家庭的な女がモテる、等々）、その矛盾によって引き起こされる葛藤があるのではないかと指摘している。

も、青春と恋愛の関係が必ずしも不変・絶対のものでないことがわかる。今後もいろんな研究テーマに発展させていくことができそうだ（やりますとはいわない）。

ところで、こうした青春と恋愛をめぐるイメージを作り出してきたメディア文化——具体的には映画やテレビ、音楽といったコンテンツ——の中で、それらを「演じる」側に立っていた者たちは、青春というものをどう捉えてきたのだろうか。特に「アイドル」と称される者たちは、恋愛を歌い、演じる存在である一方で、現実に本人たちが恋愛することは一般的に「許されざること」とされている。この、ある意味矛盾に満ちた状態に身を置く「アイドル」たちの語りに、次章では焦点を当てていろいろと考えてみたい。

第九章 アイドルの辞書に〝青春〟の文字はない

「自分の理想　叶えるために僕は〝ありきたりな10代〟を捧げた」
「誰もが知ってるような〝放課後の風景〟も　僕は知らないままで戦うんだ」

これは、二〇一八年に当時五人組だったグループアイドル「わーすた」がリリースした、「スタンドアロン・コンプレックス」という楽曲の一節である。[75] 何の気なしに耳に入ってきたこの

75 わーすたは、二〇一五年に結成された女性アイドルグループ。グループ名はThe World Standardの略称である。結成以来五人組で活動していたが、二〇二一年末に坂元葉月が卒業し、現在では四人組で活動している。「スタンドアロン・コンプレックス」は、二〇一八年六月リリースのミニアルバム『JUMPING SUMMER』に収録されている。なお、「とりおくん三部作」とも呼ばれる『うるとらみらくるくるふぁいなるアルティメットチョコびーむ』『くらえ！必殺!!ねこパンチ★～私達、戦うにゃこたん【レベル5】～』『メラにゃイザー!!!!～君に、あ・げ・う♪～』は、ゲームの世界観とプログレッシブロック様の複雑な楽曲を融合させた名作で、一聴の価値がある。

フレーズに、筆者は妙な引っかかりを覚えたことを今でも記憶している。「わーすた」としては、ファンタジー的な世界観を作り上げるような楽曲も多い中で、等身大の姿を描いた内容が珍しかったこともある。しかし、それ以上に興味を惹かれたのは、この歌詞の自己言及性である。もちろん、松本伊代「センチメンタル・ジャーニー」（一九八一年）や、小泉今日子「なんてったってアイドル」（一九八五年）など、アイドルが持ち歌の中で自己言及することは以前からあった。だが、これらの「ネタ」的な自己言及とは異なり、「スタンドアロン・コンプレックス」は、「わーすた」メンバーがアイドル以前に生身の少女である点にフォーカスしており、そこが非常に特徴的なのである。

アイドルという道を選ぶことで「ありきたりな10代」を犠牲にしているという言明は、なかなか刺激的だ。コンテンツとして青春を消費するということは、それを演じる者たちの青春を消費することでもある。しかも、アイドルの場合は、暗黙のルールとして恋愛禁止という規範もあり、彼ら・彼女らが「青春らしい青春」を送ることはほぼ不可能に近い。消費される側に立ち、自らは必ずしも青春らしい青春を享受できないアイドルたちにとって、はたして青春とはどういうものなのだろうか。

ここからは、一九八〇年代以降の「アイドル」たちの語りに触れながら、このことについて思いをめぐらせてみたい。他の章に比べてやや筆者の趣味に近いが、たまにこういうのもいいかなと思う。

「アイドル消費」＝「青春消費」

そもそも「アイドル」とは何なのか。明確な定義があるわけではないが、現代においては①ティーンエイジャーから二〇代半ばくらいまでの年齢、②活動のメインは歌とダンスによるライブパフォーマンス、③グループで活動しているケースが多い、というのが特徴だろう。[76]グループであることにはパフォーマンスの華やかさを増すなどの理由もあるが、メンバーチェンジを可能とすることによるリスク分散といった側面も大きい。[77]

いずれにせよ、グループとして活動することにより、必然的にアイドル活動の様子は群像劇的になる。それに加え、新メンバーの加入（さらにそこへ至るオーディションの様子）や同期の絆、活動を通じての成長、そして「卒業」といった一連の変化が、メンバーやグループの「物語」として紡がれ、消費されていくこととなる。[78]

現代のアイドルファン（自称としてはアイドルオタク、略して「ドルオタ」ということも多い）は、

76　二〇代後半以降も芸能活動を続ける場合は、グループを「卒業」して「アーティスト」「俳優」「タレント」などと名乗るようになることが標準的である。ただし、男性の場合は三〇代になっても「アイドル」を名乗ることは珍しくない（特にかつてのジャニーズ事務所所属のアイドル）。

77　ファンになるきっかけは一人の「推し」だとしても、グループ全体に興味が拡散する。そうなれば、「推し」が「卒業」してもグループのファンとして継続的につなぎとめることが可能になる。

78　一九七〇―八〇年代においては、アイドルはソロであることが多かった。これは、当時のアイドルファンがもっぱら同世代に限られており、アイドル本人とファンたちの間に共有される部分が多かったために、それ自体が「物語」として成立していたからであろうと考えられる。一九七〇年代におけるアイドルとファンの関係性については、田島（二〇一七）などを参照。

アイドルの虚構性に対しある程度自覚的である。彼ら・彼女らも生身の一個人であり、そのことを前提としたうえで活動に勤しんでいるさまに関心を惹かれている場合も少なくない。昨今のグループアイドルが提供するコンテンツにおいては、練習やレコーディングの様子、ライブのリハーサルなど舞台裏の様子を見せることも重要視されているが、[79] このことも、偶像・虚構としてではなく彼ら・彼女らのアイドル活動そのものが「リアルな青春」として消費されていることの表れである[80]。

その意味では、現代においてアイドルファンであることは、スポーツチームのファンであることと相同的である。たとえば、以下の引用では、当時絶大な人気を誇っていたＡＫＢ48の魅力を、女子サッカー日本代表チームの「なでしこジャパン」に共通するものとして捉えている（富澤一誠「ＡＫＢ48の魅力は夢に向かって頑張る青春ドキュメンタリー！」『調査情報』二〇一一年三―四月号）。

ＡＫＢ48もなでしこジャパンも、女子たちが自分の夢に向かって一生懸命に頑張っている。夢に向かうプロセスの中で生まれる彼女たちの〈青春の喜怒哀楽〉こそが最大の魅力なのだ。そんな彼女たちのドキュメンタリーが私たちに感動を与え、勇気と元気を生み出させてくれるのである。普通の女の子が一生懸命に汗をかいて頑張っているからこそ、応援したいと思うのだ。

どちらも、若い時期に活動が限られており、その中で夢に向かって進んでいくプロセスが消費の対象となっているわけである。この「時期の限定性」という点が、まさにアイドルやアスリートを青春的たらしめている重要な要素だろう。アスリートに比べなおいっそう活動期間の短いアイドルは非常に刹那的な存在であり、それはまさに青春の刹那性そのものと重なる。

それゆえ、「アイドルは一七歳がピーク」などという言説も巷間に飛び交うこととなる。このことについて、『EX大衆』の記事は、「南沙織『17才』、尾崎豊『17歳の地図』、Base Ball Bear『17才』といった名曲が多いように、『17歳』は青春の象徴なのだ」「17歳は『子供扱いされることへの焦燥感』と『まだ大人になりたくないモラトリアム』の狭間に揺れる年齢。だからこそ尊く、キラキラと輝く瞬間があるのだ」と述べている（「アイドル17歳最強説を追え！」『EX大衆』二〇一六年一〇月号）。

このように、受容する側のファンからすれば、明らかにアイドルコンテンツの消費とは青春コンテンツの消費を意味している。では、供給する側にとって、アイドルとして活動することは青春を過ごしていることとイコールなのだろうか。アイドル活動はやはり「仕事」であり、

79　ライブの模様を収録したBlu-rayやDVD（アイドルオタクは「円盤」と呼ぶことが多い）の特典映像や、YouTubeの公式チャンネルなどを通じて提供されることが多い。

80　ただ、これは彼ら・彼女らの「青春」をまるごと消費ないし搾取しているという言い方もでき、ファンの中にはこのことに対しある種の葛藤ないし罪悪感を抱えるものもいる。また、アイドルという存在はルッキズムやジェンダーと絡む問題性も含み持っている。こうしたアイドル消費にともなう葛藤や問題点についてこれまであまり公に語られることは少なかったが、この種の問題に取り組んだ初の学術書（香月・上岡・中村編著（二〇二二））が近年刊行されたところである。

アイドルたちはいってみれば労働者である。青春が学生時代と結びついていること、そして学生時代とは労働から解放された時代であることをふまえれば、一〇代にしてすでに労働者であるアイドルたちは、たとえ現役の中学・高校生だとしても、やはり「標準的な青春」を送っているとはいえない存在だ。そのことを、アイドル本人たちはどのように捉えているのだろうか。

「フツーの人が羨ましい」

そんなことをアイドル本人が語っているのかという気もするのだが、探してみると意外に見つかるのが面白い。そしてやはりというべきか、自身の青春時代が「普通の青春」とは異なっていることへの葛藤についての語りが少なからず見られる。

比較的ライトなレベルでいえば、それは学生らしいことができなかったことへの羨《うらや》みとして表現される。たとえば、高校生のときにモーニング娘。としてデビューした飯田圭織（一九八一年生まれ）は、「青春」をテーマにしたメンバーとの座談記事で次のように語っている（「激論！青春時代をどう生きるか？ モーニング娘。のアンチ優等生宣言」『JUNON』一九九九年四月号）。

ただ、周りの友達とか見てると、ちゃんと青春できてていいなって、羨ましいときってある。たとえば放課後に「今日マック寄って、カラオケ行く人――！」「ハーイ」とか言ってたり、「私さあ、彼氏のことで相談あんだよねー」とか言ってたり。でも、私は「仕事行ってきまーす」って感じだから。そりゃ仕事は楽しいけど、たまに〝フツーの女のコになりたい〟と思ったりするな。

「フツーの女のコになりたい」という発言はどうしてもキャンディーズの解散宣言を彷彿とさせるが[81]、それはさておき、放課後に「マック寄って」「カラオケ行く」こと、友達の恋愛相談に来ることなどが、「ちゃんと青春できて」いることの証として捉えられている。青春が日常の学生生活と結びつけられるようになった九〇年代末の雰囲気をよく表していると思う。

同じ八〇年代生まれで俳優の岡田将生（一九八九年生まれ）も、主演映画の『潔く柔く』（二〇一三年）についてのインタビューで、自身の高校時代について、「僕は男子校だったし、その頃は既にこの仕事をしていたので、キラキラした思い出はほぼゼロですね。体育祭も予行練習だけ全力でやって、当日は仕事でどうしても参加できないとか。今思い出しても腹立ちますけど（笑）。だから、『潔く柔く』みたいな青春っていいなぁ、夏祭りとか行きたかったなぁって、演じていた長澤さんや（真山役の）中村君が素直にうらやましかったです」と語っている（「気

81　キャンディーズは一九七三年にデビューし一世を風靡したアイドルグループ。人気絶頂のさなかの一九七七年に突如解散を宣言し、翌年の解散コンサートに向けて人気がさらにヒートアップしたことで知られている。なお、この発言にもかかわらず、伊藤蘭（一九五五年生まれ）と田中好子（一九五六―二〇一一年）は解散後も芸能活動を続けた（藤村美樹（一九五六年生まれ）も一時芸能界に復帰）。「普通の女の子」とは何なのか、その意味するところは複雑である。

になる秋の話題MOVIE 3本勝負『潔く柔く』主役に聞きました　岡田将生as赤沢禄」『オトナファミ』二〇一三年一二月号）。やはり、夏祭りや体育祭といったごくありふれた学生生活の日常を経験できていないことが、「キラキラした思い出はほぼゼロ」という自己評価につながっているのがわかる。

さらに、一三歳からジャニーズ事務所（現SMILE－UP.）に入所し、のちに関ジャニ∞のメンバーとなる錦戸亮（一九八四年生まれ）にいたっては、自分に青春時代はなかったと三〇歳の時点で断言している（「錦戸亮　青春時代？ ありません。」『女性自身』二〇一四年一〇月二一日号）。

「小さいころからジャニーズに入って仕事をしていたので、青春時代っていうのが、あんまりなくて。記憶がないって言ったら、すごくさみしい言い方になってしまいますけど。ドラマに出てくる文化祭とか、彼女と登下校とか、そういうのがすごいうらやましくはあります。でも、普通の人ができないようなことをやらせてもらってるので、そんなこと言ったらあかんのか……。いや、あかんことはないか」

――普通の学生だったら、どんな青春を送りたかったですか？　彼女と手をつなぎたかったとか……。

「ほんまそれがいいです」

このように、中学生・高校生のうちに芸能界に入り、仕事優先の生活を送ることになった彼・彼女らにとっては、普通の学生生活を送れなかったことが青春の欠落として認識されていることがわかる。

人気の絶頂で犠牲にしたもの

とはいえ、このあたりは「深刻な悩み」というほどのことではないように見受けられる。だが、同じような境遇に置かれてそれをどう感じるかには、当然ながら個人差がある。

たとえば、一四歳で光GENJIのメンバーとしてデビューしすぐさま人気絶頂グループの一員となった赤坂晃（一九七三年生まれ）は、いま見た錦戸と同様の経験を「悔しかった」として、一九歳のときに次のように語っている（「20歳の原点、ハタチの主張　アイドル　赤坂晃・光GENJI」『BART』一九九三年一月二五日号）。

姉が僕の知らないうちにジャニーズ事務所に、応募書類を出して、オーディションを受けることになった時も、そのオーディションに受かって、14歳の時に光GENJIでデビューする時も、まったく自分がタレントになるんだっていう自覚はなかった。

もちろん、たくさんのファンに応援してもらってることはうれしかったし、それにつれてアイドルであり続けることの大変さも、わかってきたけど、同時に自分が普通の中学生でなくなっていくことが悔《くや》しかった。たとえば放課後に友達と遊びに行くとか、夏休みにサッカー部の合宿に行くとか、そんなごくごく普通のことが体験できなかった。卒業式だって、一部の女の子が押しかけて騒ぎになって、途中退出しなくちゃいけなかった。

今10代を振り返ってみると、やっぱり僕には、普通の人が経験する青春がなかったんだと思う。それは学校生活やスポーツを通じての青春ですね。もちろん僕は後悔《こうかい》はしてない。ただ、それがなかったと思うだけ…。

「後悔はしてない」と語る一方で「悔しかった」ともいう矛盾した発言は、まさに葛藤そのものである。「ごくごく普通の」学生生活が送れなかったことにこだわる赤坂の認識には、青春と学生生活との結びつきが色濃く反映されている。そのような捉え方にしたがえば、学校を卒業してしまった後に青春を取り戻すことは二度とできないからである。

一方で、青春を違う角度から捉えることによって「取り戻す」方向にむかう者もいる。一二歳で芸能界デビューし、アイドルとして一〇代を過ごした俳優の工藤夕貴（一九七一年生まれ）が、その好例だろう。工藤は、すでにハリウッドに拠点を移していた一九九八年のインタビューで、年をとることは幸福なことだとしたうえで、次のように語っている（おかむら良「特別インタビュー・工藤夕貴ハリウッドへ行って始まった私の青春」『婦人公論』一九九八年一一月二二日号）。

やっぱり年をとることは、すごくうれしいな〜（笑）。だってもう、好きなことができるんだもん。十代でアイドルをやってたときは、かなり辛かった。汚れたイメージがついちゃいけない、コマーシャル契約もあるからと、好きなことができなかった。でも今、私は大人の女だから、傷つこうがなにしようが私の勝手よ！　と言い切れる。自分のしたいことをする自由があって、幸福になるのも不幸になるのも、自分の責任で決められるようになった。だからここ数年、人生も仕事もおもしろくて仕方がないの。今、ようやく青春という感じ。毎日が楽しくてしかたがないのに、どうしてこんなに早く時間が過ぎていくんだろう、と思ってしまう。

工藤の場合も、アイドルとしてのイメージが優先されていた一〇代のころは「好きなことができなかった」という。しかし、それを後悔するというより、自由と責任を手に入れ好きなことができるようになった二〇代の今を「青春」と意味づけているのが特徴的である。赤坂のケースとは違い、工藤にとって青春は必ずしも学生生活とは結びつけられておらず、それがこのような認識をもたらしたのだといえそうだ。もっとも、インタビュアーのおかむら良が、「原宿を歩いているときにスカウトされて芸能界に入った彼女は、スタッフに守られて大急ぎで成長し、彼らの言葉に従うことで丸くおさまる場面があったのだろう。そのかわり普通の青春と自由のいくらかを犠牲にしてきたのだ」と記しているように、そこに何の葛藤もなかったかといわれれば、恐らくそうではないのだろう。「ようやく青春」という表現には、本来であればもっと早く経験できるはずのことができなかった、というニュアンスが込められているからである。

「アイドル活動そのものが青春！」

ここまで、どちらかといえばアイドルと青春との折り合いの悪い側面に注目してきた。もちろん、そうでない点についての語りも見られる。それは、端的にはアイドル活動自体が青春だ、という認識である。

たとえば、先に登場した飯田圭織と同じモーニング娘。の初期メンバーであった中澤裕子（一九七三年生まれ）は、卒業にあたってのインタビューで次のように語っている（「中澤裕子（27）〝卒業〟の全心境を語る！」『女性自身』二〇〇一年四月二四日号）。

私、集団が苦手なんです。子供の時から気難しいし、感情の起伏が激しくて、学校嫌いでした（笑い）。団体行動ってダメなんですよ。文化祭とか体育祭とか、学校生活で「みんなで何かできてよかったね、楽しかったね」という記憶が基本的にないですから。青春というものを感じたことがなかったんです。

だからこそ、自分自身のすべてをかけて、思い切り走って、楽しんで、泣いて、笑ってという時間を過ごせたのは、このモーニング娘。だったんです。だからモーニング娘。は、私の青春です。

中澤にとっては、アイドル活動こそが青春そのものであった。彼女がモーニング娘。としてデビューしたのは二四歳のときであり、中学・高校時代は普通の学生生活を送っていたわけであるが、そこでは青春を実感しなかったというのがとても興味深い。青春っぽさと学生生活は結びついてはいるものの、普通の学生生活を送れば自動的に青春が保証されるわけではないという関係が、ここには垣間見える（だから、さきほど見たアイドルたちの欠落意識も、単なるないものねだりである可能性は否定できない）[82]。

中澤のケースとはやや異なるものとして、アイドル活動自体が学生生活と重ね合わされて「青春っぽい」と認識されるケースもある。アイドルグループ「≠ＭＥ」[83]のメンバー谷崎早耶（一九九九年生まれ）は、次のように語っている（アオキユウ「グラビアインタビュー　≠ＭＥ　谷崎早耶」

82　なお、モーニング娘。の三期生として一三歳でデビューした後藤真希（一九八五年生まれ）は、一八歳になる直前のインタビューで「青春ってよくわかんない。みんな、10代が青春だとか、いろいろ言ってるけど、実際、青春って何?って感じじゃないですか。青春なんて言葉、なくていいんですよ。べつに、ねえ、そのときそのとき楽しんでれば」と、青春に対して何の興味もこだわりもないような発言をしている（「後藤真希、17歳の生き方論。」『JUNON』二〇〇二年一〇月号）。同じグループで同じような経験をしても人によってこれほど感じ方が違うのだなあと、当たり前ながら面白く感じる。

83　読み方はノットイコールミー。指原莉乃（一九九二年生まれ）のプロデュースにより二〇一九年に結成されたグループ。

『週刊プレイボーイ』二〇二一年三月二九日号）。

——プロデューサーの指原さんいわく、「イコラブ（＝LOVE）はプロフェッショナル」で「ノイミーはエモーショナル」。どんな部分が〝エモーショナル〟なグループですか？

谷崎　青系の衣装や、まさに「青春」という雰囲気の楽曲が多いのもあるんですけど、私も活動していて、「今までで一番青春してる！」「高校の部活みたい」って思うグループです。こないだも、年末のライブ映像を全員で見返しながら「ここはよかった」「あれは全然ダメ」って言い合ったんですけど、気づいたらみんな悔しくて泣いてるってことがありました。

これはとても興味深い発言だと思う。というのも、限られた者にしか経験できないはずのアイドル活動が、よりありふれた高校の部活を参照点として「今までで一番青春してる！」と評価されているからである。青春のイメージと実態の逆転現象はこれまでにもしばしば見てきたところだが、谷崎の認識もこれに近い。ここからは、学生生活と青春らしさがいかに強固に結びついているのかがわかる。だからこそ、アイドル活動という経験の希少性よりも、平凡な高校生活との類似性の方が価値あるものと捉えられるのだろう。

これらとはやや違うパターンで、アイドル活動を通じて多くのアイドルと関わることができることを楽しみとし、それを自分にとっての青春だと捉える者もいる。たとえば、冒頭で紹介した「わーすた」メンバーの一人、廣川奈々聖（一九九九年生まれ）がそうである（「アイドル17歳最強説を追え！　17歳の主張②廣川奈々聖（わーすた）」『EX大衆』二〇一六年一〇月号）。

――ただ、芸能活動をしていると普通の青春は送れないじゃないですか。

いまの高校生がどんな青春をすごしているのか知らないから、「うらやましい」という気持ちは薄くて。わーすたとして活動したくて上京してきたので、いまの活動がもっと充実したらいいなと思ってます。ファンの方から「もっと青春を楽しみな」と言われると、「楽しめてないのかな」と不安になる時もあるんですけどね（笑）。

――アイドル活動が自分にとっての青春ですか？

私、アイドルを観ることも好きなんです。夏は対バンイベントでたくさんのアイドルさんに会えるのが楽しくて、それが青春なのかなって思います（笑）。

福岡県出身の廣川は、「わーすた」のために上京するという一大決心を経ている。また、妹の廣川かのん（二〇〇二年生まれ）も別グループでアイドルとして活動しており、そうした経緯から見てアイドル活動が普通の学生生活の欠落をもたらしているという意識は相対的に薄いのであろう（じゃあ冒頭の「スタンドアロン・コンプレックス」は誰の気持ちを歌っているのか、という疑問はあるが）。さきほど見た赤坂晃の場合は、主体的にアイドル活動を始めたわけではないと語っていたが、この点で廣川との対照性が感じられる。

最後に、乃木坂46（当時）の齋藤飛鳥（一九九八年生まれ）のケースについて見てみたい。齋藤も、アイドル活動が自身にとっての青春だという認識は示している。ただし、そこには若干の含みがある点に注目したい。以下は、自身の主演映画『あの頃、君を追いかけた』（二〇一八年公開）についてのインタビューである（田中大「20歳になった齋藤飛鳥が語る　映画の中で過ごした「青春」、乃木坂に捧げた10代、そしてこれから」『Ｃｕｔ』二〇一八年一〇月号）。

――演じた早瀬真愛のような学生生活は、おそらく齋藤さんは送っていないですよね？

「そうですね。中学に入ってすぐに乃木坂46に加入したので、いわゆる『学生時代の思い出』みたいなものがあまりないんです。もともと青春感を積極的に求めるタイプでもなかったんですけど、撮影を通じてそういう経験をして、『青春って、いいもんなんだな』と感じました」

――乃木坂46のメンバーとして過ごした日々も、後々振り返れば、青春だったと感じるはずですよ。

「私の10代は乃木坂46に捧げてきましたからね。それを『青春』と呼んでいいのなら、私にとっての青春は乃木坂46なんでしょうね」

「それを『青春』と呼んでいいのなら」という表現。ここに、私は引っかかりを覚える。というのも、この言い回しには「これは青春とは言えないかもしれない」という留保の意味合いが含まれているからである。さらに、「私にとっての青春は乃木坂46なんでしょうね」という物言いにも、自分のことを語っているにもかかわらず、どこか他人事のような突き放した感がある。こうしてみると、齋藤自身はアイドル活動そのものを青春だと断言するまでの心境には至っていないように見受けられる。「『学生時代の思い出』みたいなものがあまりない」という発言からも、やはり普通の学生生活を送ってこなかったことが青春の欠落として意識されているのではないだろうか。

実は、先に見た錦戸亮も同じような認識を示していた。彼は、先にあげた引用に続けて「錦戸さんにとっての青春は?」と聞かれたのに対し、次のように語っている。

関ジャニ∞で47都道府県のツアーをしているときに、旅館に泊まったことがあったんですね。そこでメンバーと星を見たことがありますね。『うわっ! 流れ星や!』って。もうハタチ超えてましたけど、それが青春といえるなら今でもできることなのかなって。一緒に過ごす仲間がいることが、青春の大前提なのかも。

「それが青春といえるなら」という表現の持つ含みは、齋藤飛鳥のそれとほぼ同様である。ここにも、自身のアイドル活動のなかに「青春的要素」を見出そうとする志向性と同時に、それに対する懐疑が見え隠れしているのである。「もうハタチ超えてましたけど」ともいっているように、この断定できない感じは、「青春時代＝未成年」という認識枠組みによるものなのだろう。

本章では、青春を演じ、青春コンテンツを提供する側であるアイドルたちの語りについて見てきた。感じ方や捉え方は人それぞれという面がもちろんあるが、共通しているのはやはり、アイドル活動とは「仕事」だということである。「青春」の由来から明らかなように、仕事や労働を免除されている状況こそ学生時代なのであり、青春時代なのである。アイドルとして「仕事」をすることは、どうしてもその原則と衝突せざるを得ない。にもかかわらず、社会的に共有される青春イメージは、彼ら・彼女らを通じてこそ最も強い影響力をもって表象されている。ここまで見てきた語りのなかには、そういったアイドルたちの複雑な心境が表れていたように思う。

本章の考察を通して、青春をめぐるイメージと現実の往還関係についての疑問はむしろ深まったような気さえするのである。[84]

84　社会学者の太田省一（二〇一一）は、アイドルは学校化社会の反映であると指摘する。学校と青春とアイドルの関係性は、もっと深めるべき問題であると思う。

第一〇章

いくつになっても逃げられない

アイドルから話題をガラリと変えて、本章では青春概念の拡張という問題について考えていきたいと思う。

と書くと堅苦しいけれども、青春をめぐる語りの中にしばしば登場してくる、「第二（第三、第四……）の青春」とか「生涯青春」「一生青春」といった類の言説に注目しようということである。

ふつう、青春といえば一〇代を中心とした学生時代のことを思い浮かべる。青春が近代学校教育の展開と密接にかかわるコンセプトであることを考えれば、別にそれはおかしなことではない。では、それが二回目、三回目……と何度も訪れるというのは、いったいどういう意味なのか。さらにそれが生涯にわたって継続するとは、いったいどういうことなのか。そして、そのような物言いがわざわざ繰り返し語られ続けるのはなぜなのか。こういうことを、ここでは考えてみたいと思っている。

「青春とは心のありようである」

二〇二〇年九月五日付けの『朝日新聞』に、「青春って年齢で決まるもの？」と題した、非常に興味深い記事が掲載されている。読者アンケートの結果によれば、この疑問に対し「はい」という回答が四二％、「いいえ」という回答が五八％であったという（回答者数一六六六人）。正直いうと、「はい」がもっと少ないのではないかと思っていたので、意外に醒めた考えの人もいるのだなというのが私の率直な感想である。とはいえ、やはり「いいえ」の方が多数派なのは間違いない。

この「いいえ」と答えた人たちにその理由をたずねると、①「青春とは気持ちの問題」（七八一）、②「今が楽しければ、それが青春」（四一九）、③「必ずしも学生時代が楽しいわけじゃない」（二三六）、④「年をとって熱中できる趣味が見つかった」（二二七）、⑤「大器晩成の人もいる」（一八六）、⑥「青春ドラマみたいな青春はいやだ」（一〇二）、⑦「学生時代にいじめに遭っていた」（一二一）、⑧「学生時代、友達がいなかった」（一七）といった回答があがっている（複数回答。カッコ内は回答数）。

もう少し整理するならば、これらは大きく二つの理由にまとめることができると思う。一つは、学生時代との関連についてであり、③⑤⑥⑦⑧がこれに該当するだろう。学生時代と青春との結びつきが強固に存在するからこそ、そして実際には学生時代が誰にとっても輝かしい時期ではないからこそ、こういった意見が出てくるのだと思う。そういえば、第五章から第七章にかけての青春ダークサイドシリーズでは、この問題を深く掘り下げたのであった。明るい青春であれ暗い青春であれ、青春を表現したり消費したりする行為は、青春を取り戻すことや再体験することを意味している。それが可能だと考えられているのは、青春が年齢にかかわらず経験できるものとして捉えられているからでもある。これらの「いいえ」の理由には、それが反映されている。

今回さらに深掘りしてみたいのはもう一つの理由の方、つまり残る①②④についてである。端的には①「青春とは気持ちの問題」という表現に集約される考えがそれであり、②④はその内実を示していると見ていいだろう。つまり、何かに熱中し、今を楽しむことができていれば、その気持ちが「青春」なのであり、年齢では決まらないと考えられているのだ。

有名無名を問わず、具体的な語りの中にこのような認識を見出すことはとてもたやすい。まず、新聞投書から見ていくことにしよう。たとえば、四月から夜間大学院に通い始めたという四四歳の会社員は、次のように語る（「『青春』めざし、5時から学生」『朝日新聞』一九九一年四月七日）。

街に、校内に、社内に、一見して分かるフレッシュな人たちが目につく季節となりました。彼らは「青春謳歌」と一般には言われます。しかし、青春とは？　私は「青春」とは年齢に関係ないと考えます。その人なりの目標を持ち、その目標をクリアするように努力している時、また、努力することと考えます。

若くても目標を持たずに時を過ごしているならば、そこに青春はないと考えますし、高齢の方々でも、生涯学習等の一環として、趣味や仕事に努力されていれば、それはまさしく「青春」であると考えます。

ここでは、青春は年齢で決まらないどころか、むしろ「年齢に関係ない」ものとされているのが注目される。目標を持っていること、それに向かって努力していることが、年齢にかかわりなく青春か否かの判定基準になっているのである。その人が青春を過ごしているかどうかを、そもそも年齢を結びつけて考えること自体おかしい！というわけだ。

同じように、目標があることと青春を結びつける五四歳のパート主婦は、次のように語る（「目標いっぱい　さあ第二の青春よ」『読売新聞』（大阪版）二〇一一年一月一日）。

私の子どもが今年、20歳を迎えます。長かった子育てからやっと解放されると実感し、仕事や家事だけでなく、これからは自分の時間を大切にしたいと思っています。

まず、漢字検定に挑戦です。試験に備えて、もう勉強を始めています。学生時代は英文科だったので、この機会に英会話も身につけたいと思っています。字がうまくなるようにボールペン字も習ってみたいし、少しだけ手がけたことがある点字にも興味があります。

ともあれ、これからが私にとっての第二の青春です。目標に向かって、たっぷり楽しみたいです。

ここまで真面目なものでなくても、オートバイの免許を取ってから世界が変わったという四七歳の主婦は「人間、何かに情熱を燃やしているときが青春なのだ」と書くし（「47歳の青春ライダー」『読売新聞』一九九三年六月一一日）、一年ほど前にシルバー人材センターの野球チームに入ったという六五歳男性は「生活に張りが出て」「『青春』を取り戻したような気持ち」であると書いていた（「『青春』取り戻しグラブ磨く毎日」『読売新聞』二〇〇一年五月一五日）。いずれも、何か新しいことにチャレンジし情熱を傾けていることが「青春」であると捉えられている。他にも、「余生ではない、ずっと青春だ」（『朝日新聞』（大阪版）二〇〇三年九月一四日）、「43年続けた店閉め、これからが『青春』」（『読売新聞』二〇〇九年九月八日）など、同様の投書は時期を問わず多数みつけることができる。

有名人の語りの中にも、青春は情熱や気の持ちようであるという認識は容易に発見することができる。たとえば、由美かおる（一九五〇年生まれ）はそれを「内面的青春」と表現し、次のように語る（石丸久美子「いつまでも美しい人インタビュー①　由美かおるさん」『日経ヘルス　プルミエ』二〇一一年四月号）。

良い呼吸ができると、細胞一つひとつが活性化されて、エネルギーが満ちてきます。心にもゆとりが生まれ、心身ともにいつまでも若々しくいられるの。だから年齢なんて全く気にならないんです。今も青春真っただ中だと思っています。（…）もちろん、年を重ねていけば誰でも変化はある。だけど、真の若さというのは心のありようだと私は思うんです。50代からは、内から出る魅力を大切にして輝く〝内面的青春〟の時代。そのためには、様々なことに挑戦して内面を磨き、日々感動することが大事だと思いますね。

「真の若さというのは心のありよう」という発言は、ここまで見てきた語りが意味するところとほぼ同じである。これに従えば、単に年齢が若いということは「偽りの若さ」といえるのかもしれない。同じようなことを、「青春の巨匠」こと森田健作（一九四九年生まれ）は「青春時代と青春とは違う」と表現し、「青春っていうのは各世代にあるんだ」「自分からその青春ってものをつかまないと、青春を謳歌してるってことにはならない」と力説している（森田健作「『青春』はダサくない」『婦人公論』一九八五年三月号）。そこまでして青春を謳歌しなければならない理由はよくわからないが、巨匠がいうのだからそういうものなのだろう。

それはともかく、もっと若い世代にも、同じような感覚は共有されている。たとえば、二一歳のときにキックボクシングを始め、二四歳でプロになって以降無敗の活躍を続けるぱんちゃん璃奈（一九九四年生まれ）は、次のように語る（「グラビアインタビュー　ぱんちゃん璃奈」『週刊プレイボーイ』二〇二〇年二月一〇日号）。

ずっと生きる目標を探してたんです。ある日「これだ！」と思って。私、高校で陸上を頑張っていたんですけど、ケガで部活を辞めちゃったんです。で、そのまま高校を中退し、何年もバイトで生活して。引きこもりの時期もありました。そんなつまらない毎日を変えたかったんです。（…）本当にいいの？って怖くなるくらい毎日が楽しいし。人より遅いけど、今が青春なんだと思います。

「人より遅いけど」とあるように、年齢のことを多少気にしながらも、「生きる目標」ができたことがここでは「青春」と捉えられているのがわかる。さきほど見てきたいくつかの語りと、基本的には同じ捉え方である。メディアクリエイターの箭内道彦（一九六四年生まれ）は「青春がやって来る時期には個人差があって」と話しているが（Masayuki Sawada「INTERVIEWS VOL.8 箭内道彦」『メンズノンノ』二〇一五年八月号）、ぱんちゃん璃奈のケースはこれによく当てはまるように思う。

元ネタの影響力

元V6で俳優の岡田准一（一九八〇年生まれ）の発言にも注目してみよう。岡田は、自身の主演した映画『木更津キャッツアイ　ワールドシリーズ』（二〇〇六年）にまつわるインタビューで、次のように語る（「LOVE&PEOPLE　岡田准一」『OZ magazine』二〇〇六年一一月六日号）。

今年の高校野球を見たときにも感じたんだけど、青春って〝本気〟が出せるかどうかだと思うんです。大人になると、例えば対人関係とかでもいろいろ余計なことを考えすぎて、なかなか〝本気〟を出せないじゃないですか。もちろん遠慮することや和を大事にすることも必要なんだけど、人間って〝本気〟なものに惹き付けられるんだなと思う。結局青春って、年齢じゃないんですよね。

これも、ここまで繰り返し見てきた語りと内容的にほとんど変わらないので、くどくどしい解説は不要であろう。

それにしても、これだけ似たような語りが多く見つけられるのには、何か理由があるのではないだろうか。それこそ、元ネタのようなものがあるのではないだろうか。そう思う読者の方もおられるに違いない。実はその通りで、元ネタが存在するのである。いま見た岡田のインタビュー記事には、引用部分の前に「岡田さんが好きだというサミュエル・ウルマンの『青春の詩』という詩の一節、〝青春とは人生のある期間をいうのではなく、心の様相をいうのだ〟」という文章がある。そう、これが元ネタなのである。

これはよく知られた詩で、「青春は心のありようである」という類の主張には、枕詞のように必ずといっていいほど持ち出される。新聞の投書でも、「私もこの詩に出合うまでは、青春とは若者にのみ冠せられる言葉だと思い、年相応の生き方しか許されなくなっていく中年になるのをとても悲観していた。それだけに、首相も書かれた『青春とは人生のある時期ではなく、心の持ち方をいう』――この一節に触れた時、深く感動したものである」（「青春真っ盛り、首相にエール」『読売新聞』一九九四年八月二五日。五一歳主婦による投書）[85]とか、「サムエル・ウルマンの名詩『青春』のいうとおりだ。『人間は年を重ねた時老いるのではない。理想をなくした時老いるのである』『希望ある限り人間は若く、失望とともに老いるのである』。年は取ったけど、心は青春時代だと思っている私である」（「90歳過ぎても心は『青春時代』」『読売新聞』二〇一〇年九月一一日。九一歳主婦による投書）などといった具合だ。

この詩を書いたサムエル・ウルマン（Samuel

ウルマンの青春観は、戦後日本社会の青春観に大きく影響を与えた。書影は、サムエル・ウルマン（作山宗久訳）『青春とは、心の若さである』（角川文庫、1996年）

Ullman 一八四〇―一九二四年）は、ドイツ生まれのユダヤ人で、一一歳のときに米国に移住し、二〇代では南北戦争で南軍に従軍。戦争終結後は、ビジネスの傍ら教育委員会の委員を務めユダヤ教の指導にあたるなどした人物である[86]。さきほどから話題に出ている「詩」とは、原題を"Youth"といい、彼の八〇歳の記念に家族や知人が編集し私家版として出版した詩集の冒頭に載っていたものである。

この経歴を見てもわかるように、彼はそこまで知名度の高かった人物ではなく、死後は急速に忘れられていったともいう。では、なぜこの詩が日本でこれほど知られるようになったのか。それは、かのダグラス・マッカーサー（Douglas MacArthur 一八八〇―一九六四年）がこの詩を座右とし、GHQの執務室に飾っていたことに端を発する。これに感動した岡田義夫（一八九一―一九六八年。日本の羊毛工業界の発展に寄与した人物）が翻訳し、それを親友の森平三郎（米沢工業専門学校長）が後年郷里の新聞で紹介したことが反響を呼び、日本中に広まっていった。特に財界人がこの詩に熱烈な反応を示し、松永安左エ門・松下幸之助・伊藤忠兵衛・宇野収・石田退三といった面々が、この詩を非常に気に入っていたという（ちなみに、いま筆者の手元にある角川文庫版の帯にも、「ビジネスマンに愛されて累計10万部!!」とある）。

85　引用中に「首相」とあるのは、当時の村山富市総理大臣（一九二四年生まれ）のことである。村山は首相在任時、演説のたびに引用するほどウルマンの詩を気に入っていたという（早野透「首相と青春の詩『新党へ尽力』貫けるか」『朝日新聞』一九九五年一一月一五日）。

86　以下、ウルマンの経歴および"Youth"の日本における受容については、新井満『青春とは』（講談社、二〇〇五年）を参照した。

マッカーサーがきっかけであったこと、財界人が好んだことなどを考え合わせると、この詩のコンセプトは復興そして高度経済成長といった戦後日本の雰囲気に非常にマッチしていたことがわかる。しかし、この詩について詳しく調査した作家の新井満（一九四六―二〇二一年）によれば、マッカーサー版はウルマンの原文を半分以上「改変」したものであって、その「改変」されたものが日本語に訳されて広まったのだという。このあたりの経緯は非常に面白いのだが、本筋から逸れてしまうので、詳細は新井の著作に譲ることとしたい。ただ、いずれにせよ、詩の冒頭にある“Youth is not a time of life; it is a state of mind”は同じである。この詩がここまで見てきた「青春とは心のありようである」という語りをもたらしたこと、つまり日本社会における「青春」観に多大な影響を与えてきたのは明らかだろう。

「いつまでも青春だと思うのはバカげている」

ウルマンの詩を出発点として、現代の日本社会では「気持ち次第で何歳になっても青春」という考えが広く受け容れられているように思える。しかし、もちろんこのような考えに反発するような語りも見出すことはできる。

たとえば、劇作家の池田政之（一九五八年生まれ）は、若さにこだわる日本人を皮肉まじりに「真面目」と揶揄し、次のように語る（池田政之「幻の旬（特集・青春　その甘き香りと影）」『テアトロ』

一九九五年二月号、傍点は原文のまま）。

中年以上の人がよく言う。「俺は五十過ぎだが心は二十代だよ」――つまり若いと言っている訳だ。若さとは中身だと本当に信じている真面目な日本人のなんと多い事か。ダメだね。若さってのは見てくれ。中身がジジィでも見てくれが二十代なら二十代で通る。少なくとも僕はそう信じている。まぁ僕だけかも知れないけれど。

青春も同じ事。「俺は今が青春」「生涯青春」――いいなぁ、そう言える人は。

青春は青春が似合う瞬間しかない。十六から十九くらいかなぁ。それを過ぎた大人が、たとえどんなに燃えていても、似合わない見てくれで何をホザいてんだか。

池田は、「十六から十九くらい」という年齢でなければ青春は当てはまらないと明言する。要するに、年相応になれない人間はかえって見苦しいというわけだ。そういいたい気持ちもわからなくはないが、何とも手厳しい。

アニメーション作家の押井守（一九五一年生まれ）も、「青春にしがみついているものは本当に愚か」だという。戦争がなくなった世界で戦争ショーを演じさせられる子どもたちを描いた『スカイ・クロラ』（二〇〇八年）をめぐるインタビューで、押井は次のように語る（「待望の新作『スカイ・クロラ』公開！　押井守のアンタッチャブル」『テレビブロス』二〇〇八年八月二日号）。

確かに主人公のキルドレたちは思春期の少年少女だけど、だからといって彼らの青春を描いたつもりはまったくない。なぜなら彼らには青春がないから。青春は大人になるという前提があってこそ成り立つもので、永遠に大人にならない彼らに青春は存在してない。それは今どきの若者と同じだと思う。みんな大人になりたくなくて、ずーっと青春を続けていたいと考えている。いくつになっても実家にいて親にパラサイトして生きている。(…)でも、本当に自由になりたいんだったら大人にならなきゃ。彼らが満喫している自由は〝何かをするため〟のものじゃない。なぜなら結婚する自由、好きな仕事をする自由……そういう自由を何も選んでいない。彼らの自由は行為や状態にしか過ぎなくて、明らかに自由を勘違いしている。

この発言を見ると、不思議に思う人もいるかもしれない。押井といえば、伝説の作品『うる星やつら2 ビューティフル・ドリーマー』(一九八四年)で、タイムループにより繰り返される文化祭前夜の高揚を描いたことで有名だからだ。[87] 彼は、永遠に続く青春を肯定していたのではなかったか。

これについて、押井は端的に「あのときは若かったせいなんだろう」という。[88] 五〇歳を過ぎてからは、「前夜祭が繰り返されると、それはたとえて言うなら葬式の準備のようなものになることが判った。お祭りは年に一度だから楽しいけれど、毎日だと葬式の準備みたいに楽しくもなく陰うつなものになる。果たしてそれを青春と呼べるのか」と思うようになったという。青春は最終的に大人になるという到達点がなければ青春ではない、過渡期だからこそ意味があるのだ、というわけだ。これはむしろ、第二・三章で見た「かつての青春」の概念に近い。が、この映画がつくられた二〇〇八年の青春の主流イメージ（「NEO青春モノ」）と比べてみると、青春の意味変容についていけていない、かなりオールドファッションな青春観だなという印象も正直否めない。

青春は若者にだけ許されたものであり「生涯青春」などというのはおかしい、というこのような言説は、数としてはそれほど多く見られるものではない。しかし、本章の冒頭で紹介した朝日新聞の読者アンケートでも四二％が青春は年齢で決まると回答していたように、実際はこのような考え方が極めて少数意見というわけでもなさそうだ。青春にこだわりがない人があまり青春について語らないのと同様に（第七章参照）、青春は若い時だけの話だと考えている人にとっては、それをあえて口に出す必要性もないということなのかもしれない。あるいは、もしかすると青春を年齢と結びつけて捉える考え方は、「かつての青春」がアップデートされないまま残り続けているだけのことで、時代の流れとともにより少数派になっていくのかもしれな

87 ちなみに筆者はこの作品を小学六年生のとき修学旅行のバス車内で初めて見て、あまり意味はわからなかったが、何ともいえない不気味で怖い感じがやたら印象に残ったことを覚えている。
88 初めて記事を読んだとき、「さすがにそりゃないだろ」と思ってしまったのはここだけの話。

い。

なぜ、最後に（笑）がつくのか

しかし、「生涯青春」などという人々は、本当にそれを信じ込んでいるのだろうか。さきに見た池田政之は、そのような「真面目な日本人」の多さを嘆いていたが、実際どうなのだろうか。

このことを考えるにあたって、今回のテーマに関わる資料を読み込んでいくと、一つ興味深いことに気づいた。それは、特に三〇代以上の青春語りには往々にして「（笑）」がついてくるということである。

たとえば、六六歳から水泳を始めたというある女性は、次のように語る（「女の新聞　ライフワーク　66歳から水泳を始めた高井信子さん」『クロワッサン』一九九六年六月二五日号）。

水泳を始めてから、高かった血圧が薬を飲まなくても低い値で安定するようになったし、プール通いのために自転車に乗れるようになったの。性格も積極的になったたし、いいことずくめ。毎日元気で暮らしていれば、子ども孝行にもなるし、私、いまが自分の青春だと思ってるんです（笑）。

この、最後の「(笑)」がポイントなのだ。

有名人の語りについても、同様である。たとえば『キン肉マン』の原作者として有名なゆでたまごの一人嶋田隆司(一九六〇年生まれ)は、高校卒業後すぐに同作が始まり二七歳まで連載に追われていたため、三〇代になってやっと遊ぶ余裕ができたことを、「僕の三十代は、遅れてやってきた青春時代かもしれません。(笑)」と語っている(「成功する30代・失敗する30代 第84回 嶋田隆司/ゆでたまご」『THE21』二〇〇八年一二月号)。やはり、最後は「(笑)」である。

ほかにも、「20代のころは考えすぎていたのかも。とりあえずやってみようと思うようになって、30代のいまのほうが青春しているかも(笑)」(「Cinema interview 観月ありさ」『シュシュ』二〇〇九年五月二八日号)と語る観月ありさ(一九七六年生まれ)や、「だから、青春にホンマは年とか関係なくて。何歳になっても前向きな気持ちでいれば、ずっと第2の青春でいられるんだよ、私みたいに(笑)」(「激論!青春時代をどう生きるか? モーニング娘。のアンチ優等生宣言」『JUNON』一九九九年四月号)という中澤裕子(一九七三年生まれ)、「いくつになろうと『これは青春やな』と言ってしまえば、きっとそれは青春になるんだと思います。私のこういう活動にしたって、70歳くらいになったらきっと『あれは青春やったな』って思うだろうし。うん、今はまだまだ青春中ですね(笑)」(あいみょん「いつだって青春いつまでも青春」『Quick Japan』二〇一七年九月)と語るあいみょん(一九九五年生まれ)など、「(笑)」で締めくくられる同種の語りはかなり多く見られる。

いったい、この「(笑)」は何を意味するのか。端的にいってしまえば、これは「照れ隠し」

であろう。つまり、本当はもう「青春」などという年齢ではないのだが……という若干のためらいが、ここには表れているように思う。だから、「第二の青春」「生涯青春」などというのは、本気でそう信じ込んでいるというよりは、実際はそうではないがそう思いたい、というある種のいじらしさの発露なのではないだろうか。

あるいは、そう思わされているといった方がいいのかもしれない。「若さ」というものに高い価値を置き、現状に満足せず常に進歩・発展の途上であることを善とする近代社会においては、ある意味で人は青春から逃れられない（成熟は「老化」「劣化」といわれてしまう。「アンチエイジング」という言葉を想起せよ）。ここにはやはり、「青春の近代性」という問題が強く反映されている。[89]

今回見てきた言説を振り返ってみると、情熱を持つこと、チャレンジ精神、ワクワクする感情といった要素が、年齢に関係なく青春を成立させるものとして語られていた。もともとは、「青春時代（＝若いころ）」とはそういった要素を併せ持つもの」としてあったと考えられるが、それが反転して、「こういう要素があれば青春である」に変換されているのである。これらの要素が年齢に関わりなく善きこととされているからこそ、「青春的」であることが善きこととして認識される。だから、われわれは「生涯青春」と思わざるを得ない状況に置かれているというべきなのかもしれない。

このテーマに取り組み始める前は、正直なところ、筆者自身も「中高年が生涯青春などというのは見苦しい、くだらない」と考えていた。けれども、ここまで考察を進めてくると、そんなに単純でもないのだなという気がしてきたから、不思議なものである。だいたい、青春についてこれだけいろいろと調べあげ書き連ねている私自身が、青春について多くを語る中年そのものではないか！

そう思うと、青春とは本当におそろしく魔力的な概念だなと感じる次第である。

89 これに関連して、三浦雅士はインタビューで次のように語っている。「江戸時代であれ明治時代であれ、昔は老けて見える方が立派だったんです。立派な人というのは、年齢相応以上の落ち着きがあって、思慮に長けているというイメージがありました。若く見えるというのは、逆に何か軽薄で、お調子者というかマイナスの評価だったのです。それが、青春という言葉が流行した明治中期から少しずつ変化して、戦後になって、はっきりと変わった。「若いですねぇ」という言い方が、褒め言葉になった。青年実業家とか青年政治家という言葉まで登場した。青年であることをかえって評価するようになるわけです」（特別インタビュー三浦雅士「パブリックなものとプライベートなもの　母子、父子、青春から考える」『嗜み』二〇〇八年秋号）。

第二章 さらば、青春

本書もいよいよ終わりが見えてきたということで、そろそろ「青春の終わり」に焦点を合わせてみたいと思う。

前章では生涯青春、つまり終わらない青春について考えてみたのだが、最終的にそれは「ずっと青春の気分を持ち続けなければならない」という規範なのではないか、というところに着地した。そうだとすれば、「青春の終わり」を明言することは、なかなかに勇気のいることである。あるいは、そう言い切ってしまうだけの何か重大なきっかけがあるのではないか、とも思われる。そんなことについて、ここでもいろいろな「語り」に触れながら思いを巡らしてみることにしたい。

生き方が決まったとき青春は終わる？

繰り返し書いてきたことなので恐縮だが、近代的な青春は子どもから大人への過渡期が長期化したことによって成立した概念である。そうであるならば、何らかの契機で「大人になった」ということが自覚されたとき、つまり過渡期が終わったと認識されたときに、青春はその終わりを告げるのではないかと想定できる。

このような自覚について、かなりの主体性をもって語っているのが、俳優の藤原竜也（一九八二年生まれ）である。藤原は雑誌のインタビューの中で、役者として「デビューするまでの中学校の2年間が青春でした」としたうえで、次のように語っている（「インタビュー　藤原竜也　役者として生きていく。そう決めたとき、僕の青春は終わった」『パピルス』二〇〇九年八月号）。

10代だったし、まだまだ遊ぶことが楽しいし、地元に帰って友達と一緒にいたほうが楽しいんじゃないかって。そういう想いはずっとありました。それが変わったのが17歳のとき。唐十郎さんが書いた『滝の白糸』という作品を蜷川さんの演出で演じたときに、この仕事で生きていこうと決めた。『これが俺の仕事だ』って思えた。そう決意したときに、僕にとっての青春は終わったと思う。それからはストイックに真面目に芝居に向き合ってきたから、もう青春なんかじゃないと思う。

藤原は、俳優として生きていくことを主体的に引き受けた瞬間に、青春は終わったという。逆にいえば、青春とは「どのように生きるべきか」といった悩みの渦中にいる時期だということになるが、この捉え方は「かつての青春」のイメージに近い。上のインタビューでは「17歳のとき」といっているが、別のところで彼は、やはり蜷川と唐の「高貴な」会話に衝撃をうけ、「僕が学ぶべき場所は高校じゃなくて稽古場なんだと思」い、高校を四日で中退したと明かしている[90]。現代の日本において、高校に行かないという選択をすることは、かなり思い切ったことだ。実際はこのときに、藤原は早くも青春と決別していたといえるかもしれない。

俳優の赤楚衛二（一九九四年生まれ）も、似たような「青春の終わり」を経験している（吉田可奈「思い、思われ、ふり、ふられ『青春は過去のもの』と言う赤楚衛二が演じた青い季節」『キネマ旬報』二〇二〇年七月下旬号）。赤楚は、「青春って、言葉を選ばずに言えば、無責任でいられる時間だと思うんです」といい、「20歳を目前にして、親にそれまで言えなかった〝俳優をやりたい〟という気持ちを告げ、上京をしてからは、責任と覚悟を持って、仕事のこと、将来のことを考えるようになりました」と語る。まだ何者にもなっていない青春時代とは、それゆえの不安もある一方で、いろいろな責任を負わなくても済む時期なのだというのが、藤原や赤楚に共通した認識であるといっていいだろう。

この二人に比べ、より不可抗力的に生き方が決まったように感じ、それによって青春の終わりを自覚したと語るのは、漫画家の東村アキコ（一九七五年生まれ）である（「30代がくれたもの

20回　東村アキコさん」『CLASSY』二〇一七年九月号）。

東京に出てきてからは仕事も激烈に忙しくなって、週に1度、締切りが来る生活でした。それに加え出産後は子育てにも追われていたので、29歳にして青春はもう終わりだなと思いました。仕事もやっとうまくいき始めて、お金も使えるようになったのに…。私は一生、母&労働者として生きていくんだなと鏡を前に思った記憶があります。陣痛が始まって分娩室に行くときに、母となる前の最後の顔を見ようと鏡を手にしたら、そのとき脳内に流れてきた音楽は『大阪で生まれた女』（笑）。別に好きな曲でも、よく聴いていたわけでもないのに、〝♫これで青春も終わりかなとつぶやいて〜〟って歌が流れてきて（笑）。青春のピリオドを打った感がありましたね。

先に見た藤原のケースと比べて、東村は「母&労働者」という生き方が決まったことを素直には受け容れられず、青春に未練が残っていたことがうかがえる。だが、いやだからこそというべきか、実は東村にとっての青春は終わっていなかった。彼女は同じインタビューの続きで、「まさかの30代に人生最大の青春が待っていました。最初2、3年は育児が大変だったけど、蓋

90　「藤原竜也『3日で高校中退』の噂を訂正『4日です』」(https://www.sponichi.co.jp/entertainment/news/2020/01/07/kiji/20200107s00041000135000c.html)（二〇二二年一〇月五日閲覧）。

を開けてみれば30代はめっちゃ楽しくて、すべてがピタッとハマった時代でした」と語っている。ここでいう「青春」は「充実した時期」と言い換えられるが、藤原が語っていた「青春」とはその意味合いが違っている。このあたりに青春の多義性がよくあらわれていて、面白いと同時に難しいなといつも思う。ただ、いずれにせよ、生き方が決まり「大人になった」という自覚が、青春の終わりという認識に結びつきやすいのは確かなようだ。

気づけば「大人」になっていた

とはいえ、そのようにはっきりと自覚できるケースばかりというわけでもないだろう。以前の章でも取り上げた作家の辻村深月と新城カズマの対談では、「自分が大人になったなと思う瞬間って感じたことあります？　実は私は、一度も感じたことがないんですよ。年は取っちゃったけれども、大人になった実感は一度もないままで」（新城）、「私も同じことを感じてます。大人っていないですよね（笑）」（辻村）というように、二人とも大人になったという自覚や実感はないと語り合っている（辻村深月×新城カズマ「青春を〝生き延びる〟ということ」『小説すばる』二〇一〇年五月号）。このような感覚に共感する人も、少なくないと思う。なぜなら、私もそうだからだ。ただそれでも、いつの間にか若い頃とは違う感じ方や考え方、行動をとっていた、ということを認識することはあるだろう。あまり自覚はなかったけれども、気づいたときにはもう大人になっていた、という感覚である。私の場合でいえば、博士号を取って最初の著書を出した後に学会へ行き「石岡先生ですか?」みたいに院生から声をかけられるようになったときがそれである。自分が学生だった頃にはこちらから「先生」に声をかけなければいけない立場だったので(といっても大して積極的にやる方ではなかったが)、「あ、自分はもう若手ではないな」と実感したわけだ。あと、数年前にゼミ生を引き連れてUSJに行ったとき、写真を撮ってもらう際に「お父さん、もうちょっと真ん中に寄ってください」とキャストにいわれたのもなかなか感慨深かった(実際に二〇歳以上離れているのだからしょうがない)。

そんな私の話はどうでもいいので、他の人の語りに目を向けてみよう。たとえば、劇作家の岡部耕大(一九四五年生まれ)は、次のように語る(岡部耕大「あれが青春だったのか(特集・青春その甘き香りと影)」『テアトロ』一九九五年二月号)。

いまのいままで青春を振り返ってみることもなかったが、あれが青春だったのかとしみじみ思ってみた。「青春とは何だ」と聞かれたら、奢《ママ》り高ぶりが許される時代とでも定義するのだろうか。演劇と酒に明け暮れたような青春だったが、飲む金に困ったという記憶がない。毎晩、大酒を飲んでいた。勘定はだれが払っていたのだろうか。

ある日を境にして「今夜は俺が払うよ」といっている自分に気付く。その日が青春と訣別した日ではなかろうか。

気付いたときには、奢ってもらう側から奢る側に立ち位置が変わっていた。あれが青春の終わりを意味していたのではないか、という回顧である。責任を引き受けることを青春の終わりと見なしている点で、先のケースと似ている点もあるが、「いまのいままで青春を振り返ってみることもなかったが」とあるように、岡部の場合はそれがはっきりと意識化されていたわけではないところが少し違う。

きっかけになった出来事が、もっと曖昧なこともあるだろう。このあたりのことについて、みうらじゅん（一九五八年生まれ）にまたもご登場いただきたい。みうらは、そのものずばり「青春の終わり」をテーマにして、脚本家の宮藤官九郎（一九七〇年生まれ）と対談をしている（「みうらじゅんと宮藤官九郎の大人になってもわからない vol.131 〝青春の終わり〟って、いつ訪れるんだろう?」『週刊プレイボーイ』二〇一四年一二月一日号）。まずここで彼らは、「童貞を捨てたからって、大人になったわけじゃないしね」「学校と青春の卒業は関係ないもんねぇ」（みうら）、「たぶん、結婚したときでもないですよね?」（宮藤）と、出来事ベースで青春の終わりは確定できないことをおさえたうえで、次のように話を展開させていく。

宮藤　僕はある時期に禁煙しちゃいましたけど……。

みうら　それって体に悪いからだよね? 青春って逆に、体に悪いことを進んでやるもんでしょ（笑）。

宮藤　まあ確かに、体のことを気にしてジム行ったりランニングしたりっていう発想は生まれないですからね、若い頃って。

みうら　体に悪いことイコール、カッコいいことだって思ってたもんね。

宮藤　どうせ酒飲むならゲロ吐くまで飲むみたいな（笑）。悪酔いして飲み屋で大ゲンカしたりとか、そういうのも青春ですもんね。

みうら　青春はできる限り人に迷惑かけなきゃダメでしょ（笑）。

宮藤　傲慢ですけど、そういうもんですよね。

みうら　でもあるとき、あんまり他人に迷惑かけないで生きていく方が楽なんじゃないかって気づくわけじゃないですか？

宮藤　そうですね。なるべく波風立てないようにっていう。

みうら　そう思い至った瞬間が青春の終わりなのかねぇ。

なるほどなあ、と思う。確かに、他人に迷惑をかけず自分のことは自分で処理するようになると、「大人になった」と肯定的に評価されることも多そうだ。

しかし、みうらにいわせれば、それは「他人に迷惑をかけんのがめんどくさい」からなのであり、大人の自覚というよりは「老化」に近い感覚かもしれない。対談のラスト近くでみうらは、「要するにさ、グレる可能性が完全に絶たれたところで、青春っていうのは終わりなんじゃないの?」と端的に語り、それに対して宮藤は「だとしたらもうとっくに青春終わってるっていうのを認めざるを得ないですよね、われわれも(笑)」と発言している。「グレる」というところに焦点が当たっていることからもわかるように、ここで考えられている青春も、社会への反抗や反発を含んだ「かつての青春」に近い。だからここでいわれていることは、学者的な表現に言い換えるならば、既存の社会秩序への適応(=社会化)が完了したときに青春は終わる、ということになるだろう。

もっと笑い話のレベルで、青春の終わりを語るものもある。たとえば長野県の二七歳の女性は、出産と育児という経験を通じた自身の変化について、次のようなエピソードを披露する(「花のレポーター・スクープ　第41弾　私の青春が終わったとき」『週刊女性』一九九一年七月三〇日号)。

丼ものは全部を食べきれず、おまけに食べるのが人一倍遅かったのは独身時代の話。子供から目を離さずに家族の残りものを平らげる今の私は、昔の3倍の量を2倍の早さで食べてます。そこで先日、夫の勧めで商店街のソバ早食い競争に出ることに。恥ずかしかったけど、賞品の海外旅行は魅力。1人脱落、3人脱落、6人脱落……。このころから〝参加賞だけでも〟といっていた夫の口がアングリ。そしてなんと、私は見事優勝してしまったのです! その瞬間、子供の手を引いて隠れるように逃げ出す夫の姿を見たとき、私の青春は終わったのでした。

同記事の冒頭には、「女性週刊誌を見るのも恥ずかしかった私が、いつのまにか週刊女性を毎週買うようになり、気がつくと『花レポ』に投稿するようになっていました。今のところボツ続きですが、採用されたときが私の青春のゴールですね」という二八歳女性の声も掲載されている（つまりこれで青春が終わったというわけだ）。

いずれも、「恥を感じなくなったこと」を青春の終わりと捉えていて、「大人になった」というよりは「中年になった」と受け止めているように感じるので、現代の目から見ると若干の違和感がある。ただ、この記事が出た一九九〇年前後のデータを見ると、平均初婚年齢は二五・八歳（一九九二年）で[91]、二〇代後半女性の未婚率は四〇・四％（一九九〇年）だった[92]。現代ではそれぞれ二九・一歳（二〇二一年）、六二・四％（二〇二〇年）となっていることと比較すると、二〇代半ばに結婚・出産を経ることが一般的であった時代においては、このあたりが中年の入り口と捉えられていたのではないかと思われる。ただ、いずれも女性の話なので、男性に同様の「恥がなくなった＝青春が終わった」という感覚があるのかどうかは検討の余地がある[93]。

91　国立社会保障・人口問題研究所『第16回出生動向基本調査　結果の概要』（二〇二二年九月九日公表）より。(https://www.ipss.go.jp/ps-doukou/j/doukou16/doukou16_gaiyo.asp)
92　内閣府『令和四年版　少子化社会対策白書』第一部第一章三より。
93　青春の終わりということを考えると、『「いちご白書」をもう一度』（一九七五年）のフレーズをどうしても思い起こしてしまうので、男の場合は就職が青春の終わりの契機だろうか。

「象徴」との惜別

一方で、ここまで見てきたのとはやや趣の異なる「青春の終わり」についての語りがある。それは特に新聞の投書にたびたび登場するのだが、自身の青春を象徴するような人やものがなくなることによって、青春そのものが終わってしまう、という感慨である。

まず、青春時代に憧れていた俳優・芸能人の死にまつわる語りが、よく見られる。たとえば、七五歳の女性による投書を取り上げてみよう。

> 世紀の名女優ディートリヒさんが亡くなった。「嘆きの天使」を初めて見た時はまだ女学生、夏休みに兄に連れられて見たその艶姿が忘れられなくて、早速レコードまで買いに行った。白いシルクハットに白のエンビ服姿の素晴らしさは脚線美よりも私を魅了したのである。（…）当時の若い娘は、若貴兄弟の肌にさわってキャアキャア言う様なファンではなかった。たとえ日本のスターに対してもファンのマナーは知っていた。「間諜X27号《ママ》」も何度場末の映画館まで出かけたことか。書き並べたらきりがない。ここまで来てついにディートリヒさんを見送って、私の長い長い青春が終わったのである。合掌。（「私の青春飾った名女優の死を悼む」『読売新聞』一九九二年五月一三日）

ディートリヒとは、いうまでもなく、ドイツの映画俳優マレーネ・ディートリヒ（一九〇一―一九九二年）のことである。その死によって「私の長い長い青春が終わった」と語る投稿主であるが、逆にいえばそれは、七五歳まで青春は続いていたという感覚だったことを意味している。「私の青春時代の歌番組の司会と言えば、『1週間のごぶさたでした』の玉置宏さんでした。歯切れが良くて、出演者に優しい司会ぶりは天下一品でした。訃報に接して『生涯青春』をモットーにしていた私は、青春がどこかへ飛んで行って消えたようで、とても寂しいです」（「玉置宏さん天国へ　青春失った寂しさ」『読売新聞』二〇一〇年二月二〇日。五六歳女性からの投書）、「ニュースを見て、京唄子さんの訃報を知った。またひとつ青春の灯が消えた思いだ」（「美容室から旦那さん応援」『読売新聞』二〇一七年四月一九日大阪版。七八歳女性からの投書）など、同じような趣の投稿は、時期を問わず実にたくさん見つけることができる。

人ではなく、ものについても事情は同じだ。たとえば、大阪―長野間を運行していた急行「ちくま」の定期運行廃止をめぐって、六三歳女性による次のような投書がある（「青春彩った、夜行「ちくま」　思い重ねて」『朝日新聞』二〇〇三年九月二三日大阪版）。

大阪―長野間を走る夜行列車「ちくま」が今月限りで定期運行をやめると聞いて、平素遠のいていた青春時代がよみがえった。（…）眠れないのに、なぜか夜行列車が好きだった。夜が白々と明ける頃、車窓から見る信州の緑はことのほか素晴らしい清涼剤だった。やぼったいリュックを背負って黙々と歩いたあの頃、来るべき未来をどのように描いていたのだろう。「ちくま」が消えることは、私の青春時代が消されそうで寂しい。いや、永遠に「ちくま」は私の心の中で生き続けている。青春時代を心豊かにしてくれた「ちくま」よ、さようなら。そしてありがとう。

こうして見ると、青春時代そのものは過去になっても、青春の思い出と結びついた人やものが生きのびている限り、「青春は終わっていない」という感覚が持続することがわかる。これは、前章のテーマ「生涯青春」と似ているようにも思える。しかし、現在進行形で何かに熱中しているということが「生涯青春」の意味するところだったので、過去の思い出と結びつけられたこのような語りは、やはり別種のものだと思う。人やものが残り続けている最中は意識されず、それが終わった後で気づくという感じは、むしろ「かつての青春」の感覚に近い。

また、「青春の象徴」は必ずしも一つには限らない。そのため、青春の喪失感が何度もおとずれるような経験をするケースもありうる。たとえば、シンガー・ソングライター河島英五（一九五二—二〇〇一年）の急逝をめぐる語りを見よう（「主人の『青春』また一つ消え」『朝日新聞』二〇〇一年四月二五日。投稿者は三三歳女性）。

河島英五さんの突然の訃報に悲しい思いをされている40、50代の方も多いと思います。

主人もその1人で、河島さんがデビュー当時からのファンです。告別式の夜、しょうちゅう片手に遅くまで河島さんの歌を聞きながら「また一つ、僕の青春が消えてしまった」と言っていました。結婚して10年、私がこの言葉を聞くのは3回目です。1回目は、新婚時代から年2回は訪ねていた旅館がダム建設のため取り壊された時。2回目は、結婚前、デートの後に必ず2人で飲みに行っていた居酒屋が店じまいした時でした。

ただ、この投書には、「旅館も居酒屋も無くなりましたが、お世話になった方々は、今でも私たちを温かく迎えて下さいます。人生の先輩が新しい土地、環境の中で頑張っておられる姿を拝見して、『私たちもまだまだ青春できる』という気持ちになります」という、続きがある。この語りには希望を感じることもできる一方で、やはりものとは違う人の死の不可逆性も感じさせられる。筆者は、本章を書くにあたって多くの記事に目を通し、ものの終わりよりも人の死をめぐって「青春の終わり」がより多く語られるように感じたが、それはこのあたりの事情に由来するのかもしれない。

しかし、誤解を恐れずにいうと、きっぱりと終わってしまった方が気持ちの整理がつく分だけ、いいのではないかという思いもある。実は、私にとっても、高校時代・大学時代にそれぞれ傾倒していたミュージシャン（バンド）がいた。このバンドは二組とも現役なので、「私の青春は継続している！」といえそうなものなのだが、結論からいうと全くそうは思っていない。

高校時代に好きだったバンドは、その後、思想的に相容れない方向に走っていったので、途中から私は全く興味を持てなくなった。世間的にずっと人気はあるので、むしろそのことがかえって私をアンチにしてしまっている。[94] 大学時代にドはまりしたバンドは、私が大学卒業後の進路が定まらないまま留年決定した時期に活動休止し、その数年後に解散した。そのため、私の中ではかなり明確に「青春の終わり」を感じたものだったのだが、実はその十数年後に再結成し、現在にいたっている。だが、私は再結成後のそのバンドにはほとんど興味を持てない。それは、嫌いというのではなくて、私にとっては終わった（終わらせた）ものだからである。[95] 単純に再結成を喜んでライブに誘ってくる同級生などもいたが、断るのになかなか苦労した。いま書いたような面倒くさいことをいっても、あまり共感してもらえないような気がしたからである。[96]

と、最後に個人的な思いをぶちまけてしまったが、このあたりも、私が青春にこだわり続けていることの遠因かもしれない。別に青春の思い出を否定するわけではないが、思い出はあくまで思い出なのであり、いつまでもそれが継続してほしいという欲望は、私にはあまりよくわからないのだ（とはいえ、思い出にとらわれて「あの頃はよかった」と現状否定し続ける、いわゆる「懐古厨」も苦手）。青春とうまくつきあうのは本当に難しいものだなと、つくづく思う。

94 ただ、歌詞の内容が嫌いなだけで曲は素晴らしいものもあり、妙に悔しい気持ちになる。

95 一応、新しい曲が出れば聴いてはみる。だが、かつてのギラついた雰囲気が好きだった私としては、「枯れた大人のロック」のようになってしまった今の路線は、正直いって心に響かない。

96 連載時にこの回を公開したあと、何人かから「あのバンドというのは誰のことなんですか」と聞かれたので暴露すると、後者はTHE YELLOW MONKEYのことである（前者は書くと面倒な論争になりそうなので、やはり伏せておく）。自分たちはどうせ理解されない、認めてもらえない、充たされない、という気分に満ち満ちた（かつ、それを自己相対化する諧謔性も兼ね備えた）九〇年代のイエモンの楽曲は、当時の自分の気持ちに大変マッチしていて、自分にとって一番の「青春の象徴」である。曲も非常にドラマチックなものが多く、一曲に一回は必ずストレス発散できるポイントがあるのがまた良い。そして、イエモンと青春という意味では、「SO YOUNG」（一九九九年）と「プライマル」（二〇〇一年）は外すことができない。前者は曲のテーマ自体がずばり「青春」であり、私のカラオケの十八番である（最後に渾身の力を込めて「SO YOUNG!!」と叫ぶカタルシスがたまらない）。後者は事実上の解散宣言ソングで、「成功した自分は昔のような渇望感を歌うことはできない」という正直な気持ちを、それに置き去りにされるファンの視点から描いた名作である。これは当時、進路が定まらない自分と、就職が決まってイキリ出す同級生たちとの対比とピッタリ重なっていて、あまりにもタイムリーだった。第五章で引用した齋藤孝の発言ではないが、こうしたイエモンの曲を聴くと当時の自分が抱えていた怨念が沸々とよみがえってきて、生きる原動力が湧いてくるから不思議なものである。

最終章

変わったもの、そして変わらないもの

過去五〇年間の青春をめぐるさまざまな「語り」をひもときながら、青春についてあれこれ考えてきた。まだまだ掘り下げるべきテーマもあると思うが、この本は気づけばもう一〇万字を超えてしまっている。このあたりで、そろそろまとめに入った方がよさそうだ。

というわけで、最終章では、少しずつ見えてきた現代の青春の姿について、改めてこれまでの内容を振り返ってみることにしよう。そして、本書の冒頭で投げかけた問いに、とりあえずの答えを出してみたいと思う。

もともと、青春について考えてみたいと思った動機は、私自身が青春というものに対して抱いてきたある種の違和感に端を発している。第一章で打ち出した、私にとっての「青春をめぐる謎」を、ここでもう一度書き出してみよう。

・青春のイメージはコンテンツとして消費され、さまざまなメディアを通じて価値づけられ意味づけられている。

・それを参照点にして、それぞれが自身の青春を評価している。そしてその評価が、現実の人生に少なからず影響を与えている。

私が考えてみたかったのは、このような、青春をめぐるイメージと現実の往還のありようについてであった。自分自身も含め、多くの人々が、そうした往還の渦中にあって、さまざまに葛藤を抱えながら生きてきたのは間違いない。だから、この謎について考えることには社会的な意味があるのだ、ということも第一章で書いた。いま振り返ってみて、この当初の問題設定はやはり的を外していなかったと思う。イメージと現実とが相互にフィードバックし合う中で、青春はある面ではかなり変容してきたが、一方では変わらない面もある。この二つの側面に照準を絞り込んで、このことについてもう少し具体的に振り返っていくことにしたい。

変わる青春

まずは、青春の変容の方に目を向けてみよう。

高度経済成長期の末期、すなわち一九七〇年前後を境として青春が「終焉」したと論じたのは、三浦雅士（二〇〇一）であった。同様に、古屋（二〇〇一）は、その時期以降、青春は「亡霊」になったと述べている。

二人の指摘は、たしかに部分的には正しい。部分的に、と書いたのは、かれらがいう「青春」は狭義のものであって、長い学生時代を享受することができる男性エリートにのみ許されていた「青春」を意味しているからである。それは、特権的・概念的・思弁的であると同時に、明確に近代イデオロギーの色彩を帯び男性性と結びつけられたものであった。挫折や苦悩を乗り越え努力することへの（過剰な）意味付与は成長第一主義をベースとしたものであるし、それは男にのみ許され求められたことだったのである。だから、高校・大学が大衆化した高度経済成長期以降にあって、このような青春イメージ（「かつての青春」）が主役の座から降ろされたことは、ある意味必然ではある。ただ、「かつての青春」はその後も青春イメージの底流にしぶとく残存し続けているから、「終焉」ではなく「亡霊」の方が的確だと思う（「生き霊」の方がもっといいかもしれない）。

いずれにせよ、その結果として一九七〇年代以降、青春は若者を取り巻く社会状況の変化を如実に反映するようになった。具体的には、進学率の上昇、景気の変動、メディア環境の変化、ジェンダー規範のゆらぎ、等々である。

六〇年代半ばから始まるテレビの青春ドラマには、すでにその萌芽があった。学校の部活動

（ただし体育会系限定）を舞台として繰り広げられる汗と涙、そして挫折と希望と情熱の物語は、「かつての青春」の要素をいくぶんかは継承しつつも、そこから暗さや悲劇性・逸脱性を脱色してできあがったものである。時期的には学生運動の最盛期と重なっているが、それ自体が大衆化していく大学への反発という側面を持っていたように[97]、この時期の高校・大学進学率の急上昇は、あっという間に学生をエリートから普通の若者へと「格下げ」した。[98]それにともなって、青春もより日常的・具体的な要素と結びついていくようになる。

高度経済成長は終わったとはいえ、七〇年代半ばからバブル期にかけても、日本社会は比較的安定的な経済成長を続けていく。若者は、それ以前に比べればはるかに経済的な豊かさとヒマな時間を獲得できるようになった。そこで浮上してきたのは、消費社会における有力な「お客さん」としての若者である。特にポピュラー音楽市場は、同世代のファンをターゲットとしたシンガーソングライターやアイドルというジャンルの確立、さらにはポータブルオーディオやミニコンポの普及などによって、若者を主要な顧客として設定するようになった。そこで描かれたのは若者の率直な思いや感じ方、そして恋愛模様であり、それが青春をめぐる表象のメ

97　大学紛争に比べて相対的に知られていないが、同時期に高校でも少なからず「闘争」が勃発していた。高校生という立場にも、まだエリート性が残存していたことがうかがえる。詳細は小林（二〇一二）を参照。

98　専門的には「学歴インフレ」と呼ばれる現象で、近代化した社会では学歴社会化の進行とともに普遍的に起きる。ただ、日本のような後発近代国家ではそれが急速に起きることが特徴である。

インストリームになっていく。もちろん、映画やテレビドラマといったコンテンツにおいても、事情は似たようなものである。

こうした傾向は、八〇年代における「かつての青春」批判（というよりも茶化し）を経て、九〇年代以降になるとはっきりと青春のありようを変化させることになった。メディア表象においては、日常的なリアリティのある「ありのままの青春」を描くことが定番化していく。それはフィクションであるにもかかわらず、そのリアリティゆえに、誰しもがそのような青春を送れるという錯覚、送りたいという願望、そして送らなければならないという強制力をもたらす。「かつての青春」とは違う意味で、青春は新たな規範性を持つようになったのである。

さらに二〇〇〇年代になると、青春は「純粋な心で何かに熱中している状態」という意味合いを強く持つようになっていった。「NEO青春モノ」と呼ばれた一連の映画・ドラマ作品をはじめ、青春はそれ自体で至上の価値を持つ自己充足的なものとして描かれるようになり（宇野 二〇〇八）、大人への成熟に向けた過渡期としての側面は後景化した。むしろ、大人になることで失われてしまう「大切な何か」を象徴するものとして青春は意味づけられ、その観念の性質としては子どもらしさの方に接近している。本書で十分に論証できたとはいえないが、このような青春イメージの変化は、若者のコンサマトリー化と呼ばれた現象と決して無関係ではないと思う。近代化の一定の完了と経済的停滞によって、「将来のために現在を犠牲にする」という感覚を持ちにくくなったからこそ、この時期に青春はそれ自体が自己目的化していったのではないかと考えられるのである。第四章で詳しく述べたように、二〇〇〇年代以降、現役の中学生や高校生が、文化祭や体育祭などでの自身の体験を「青春してる」と自己言及する言説が見られるようになったことも、明らかにこのような事態と連動している。

この傾向は、二〇一〇年代以降も基本的には継続している。この時期の若者を取り巻く変化といえば、何といってもスマホの普及だろう。画像や動画で記録を残し他者に発信することが、これほど容易になった時代はない。自己目的化した青春と、このようなメディア環境が相まったところに現れたのは、「学生時代にいかにして青春のミッションをクリアしていくか」という課題であった。「青春のミッション」といっても、挫折や苦悩を乗り越えて成長するといった内面的な問題ではなくて、「青春っぽい」こと（つまり青春イメージ）をどれだけ達成するかということである。もっと正確にいえば、そういうシーンを記録し、発信し、共有し、「充実した青春を過ごした」と他者に認定してもらうことが、現実の青春充実度を左右するのだ。そして、そのように達成されていく現実の青春が、SNSなどを通じて再び青春の表象として流通していく。そういう意味では、現代ほど青春イメージが氾濫している時代はなかったのであり、青春をめぐるイメージと現実の往還も、かつてないほどに激しくなっているのかもしれない。

ただ、恋愛と青春をめぐる関係については、やや錯綜した状況も見られる。この時期、「キラキラ青春映画」と称されるような極めて個人化・局所化された恋愛関係を描く作品群が量産される一方で、青春小説の中には、恋愛という要素をあえて排除するような作品も少なからず発表されるようになったからである。映画と小説という媒体の違いもあるだろうが、男女関係の中に必然的に持ち込まれてしまうジェンダーの非対称性が青春を描く際に足かせになってしまうことを、一部の作家たちは敏感に察知しているのだと思う（もともと「男らしさ」と結びついていた青春のジェンダー性！）。少子化対策だ、婚活促進だ、などと騒ぎたてる勢力がある一方で、そういうものと結びつけられる恋愛に興味を持たなくなっている若者が無視できないボリュームで存在しているのが日本社会の現状である。上記の錯綜した状況は、そのような事態を反映しているように思えてならない。

このように、青春は若者を取り巻く社会状況の変容にともなって、少しずつその相貌と意味づけを変えてきたのである。

変わらない青春

その一方で、青春にはずっと変わらない側面がある。それは、一言でいってしまえば、青春が魔力といっていいほどの魅力を持っているということだ。「青春なんか全く気にしたこともない、どうでもいい」と超然としていられる人は、たぶんほとんどいない。好きか嫌いかにかかわらず、青春というものに対して、みな何かしらひとかどの思いを持っているものだと思う。それだけ、青春には人を惹きつける不思議な力がある。だからこそ、青春は「売れるコンテンツ」として大量生産大量消費され続けているのだ。

この青春の魅力（魔力）とは、前節で見たような具体的なイメージよりも、もっとメタ的な何かである。しかし、単なるノスタルジアでもない。とにかく「充実した青春を送った」という実感を持てるかどうかが必要なのであり、それが得られないことは大いなる喪失感をもたらす。

だから、青春へのとらわれは、そのような実感を得られなかった者において、より顕著にあらわれてくる（私もそうだ）。本書の中盤で青春ダークサイドシリーズと称して取り上げたのは、このような問題であった。青春の魅力（魔力）は、ダークサイドから逆照射することで、よりクリアにその本質が浮かび上がってくると思ったからである。実際、私自身はこのテーマについて考え書いているときが、やはり一番面白かった（一番難しくて苦しんだところでもあるけれど）。「かつての青春」においては、青春が持つ力の源泉は、やはりその特権性にあったと考えられる。選ばれし者だけに享受が許されたということは、すでにそれ自体が魅力的である。また、「かつての青春」は希望と不安、楽観と悲観、成功と挫折といったように、正負両面の要素をその規範として含み持っていた。そうした青春時代を乗り越え、成熟した大人になることが最終目標だった時代においては、どのような経験であれ「充実した青春時代」として評価することも可能であったのだ。あるいは、そうした青春を享受できない者たちにとっては、その原因を社会に求めやすかったために（貧困、地域格差、ジェンダー規範など）、自身の人間性の問題としてはあまり悩みを抱かずに済んだ[99]。

青春が大衆化したということは、青春の機会均等が実現したことを意味する。それは一見喜ばしいことのように思えるが、ことはそう単純ではない。それによって、充実した青春を送れるかどうかが、個人要因に帰せられるようになったからである。七〇年代以降とは、そういった意味で理想通りの青春を送ることの難しさが立ち上がってきた時代だった。それは、青春イメージがリアリティを重視し自己充足的になっていく九〇年代以降、さらに顕著になっていったと思われる。

「メディアに描かれる青春なんて、しょせんは虚構に過ぎない！」と突き放せるのであれば、別にそれほど大きな問題はない。だが、そうでないから青春はやっかいなのだ。中高生、あるいは大学生になる前から、現代人は大量の青春イメージを浴びせられながら生まれ育ってきている。青春への夢や希望をあらかじめ掻き立てられているからこそ、いざその時期を迎えたときに現実と引き比べて「こんなハズジャナカッター！」となることが往々にしてあるのだ。

そして面白いのは、そうした青春の喪失感・挫折感が、さらなる青春コンテンツを生み出す原動力になっていくという点である。しかもそれは、輝ける青春イメージの虚構性を批判し「地味で輝いていない青春」を表現したい欲求にも、欠損を埋めるために輝ける青春イメージをさらに旺盛に生産・消費する方向にもつながっていく。こうして、青春イメージは現実の青春とフィードバックし合いながら、その誘引力を維持（あるいは強化）し続けているのである。第一〇章で見た「第二、第三の青春」「生涯青春」といった類の語りも、このことと無関係ではない。青春を取り戻したい、やり直したいという思いは、青春に対する喪失感・挫折感があればこそ出てくる欲求だからである。

結局、若々しくあること、何かに夢中になれること、努力し成長し続けることに価値が置かれ続けている点が、青春の不変の特徴だといえそうだ。そういう意味では、青春は単なるイメージではなく、常に規範性を伴っている。イメージの具体的な内実は変容しても、青春が相変わらず人々を惹きつけ続けているのは、実はこの規範の強制力ゆえではないか、とも思われるのである。

陳腐で特別な青春

このように、青春には変わる側面と変わらない側面がある。どうしてなのだろうか。私は、青春というものが結局は概念に過ぎないから、というのがその理由なのではないかと思う。さまざまな現実のある側面を切り取り、名づけ、意味づける概念。しかも、青春は中立的な概念ではなく、価値的・規範的な概念である。もっといえば、教育的であるといってもいい。

99 もちろん、その方が楽で良かったというのではなく、悩みの質が違っていたことを指摘したいのである。

先ほど指摘した青春の不変の特徴――若さ・熱中・努力・成長、等々――は、つまるところ、近代社会において「善」とされている美徳にほかならない。現代も含む近代に生きる人間にとって、これに反する生き方を貫くことはなかなか難しい。そのような諸々の「善」なる価値が、青春という概念には集約されているのである。だから、近代的な価値の構造が根本的に転換されない限り、青春はその規範性を失うことはない。これが、青春の変わらない側面である。

一方で、青春は概念に過ぎないからこそ、その具体的な内実は社会や時代の状況という環境的要因によって容易に変転する。といっても、そうした環境的要因によって一方通行的に規定されるようなものではない。イメージと実態とが相互作用し合う中で、「青春っぽさ」とは何かをめぐるせめぎ合いが常に繰り広げられているのは、本書を通じて見てきたとおりだ。しかも、青春はしばしば懐古的な語りの中で登場するものであるだけに、同時代的には「最先端」だったものが、のちには青春の象徴として振り返られるようになったりもする（コギャルやガラケーが「平成レトロ」化している現在を見よ）。それ自体は抽象的な概念であるからこそ、青春にはいろいろなものが結びつけられうるのである。おそらく、それは今後も少しずつ変容していくのだろう。現代の若者にとっては、「コロナ禍」さえ青春の一ページとして振り返られる日が来るのかもしれない。

ここまで青春についていろいろと考えてきて最後に思うのは、「青春は陳腐かつ特別なものだ」ということである。いま述べた青春の変わらぬ側面と変わる側面を、それぞれ陳腐さと特別さと言い換えることもできる。加えて、高学歴化した現代日本においては、ほとんどの人に青春時代が存在するという意味でも、青春は陳腐である。また、さまざまなメディアを通じて食傷気味なほど大量の青春イメージが生産・消費されているという意味でも、青春はきわめてありふれたものだ。しかし、俯瞰的に見れば陳腐であっても、個人個人の人生にとって青春はとても特別なものだと思われている。たとえ自らの青春が理想通りであろうとなかろうと、その青春はその人にとってかけがえのない特別な意味を持つ。だから、青春はややこしいのである。

本書の冒頭で、「なぜ、青春はこんなにも面倒なものなのだろうか。なぜ、青春はこんなにも人の心を揺さぶってくるのだろうか」という問いを投げかけた。最後にこの問いに答えるならば、「青春は陳腐さと特別さが混ざり合った規範だからである」ということに、ひとまずはなると思う。

おわりに

青春について考え尽くしたとはとてもいえないが、このあたりでいったん区切りをつけることにしよう。もともと最初から語り尽くせるわけはないと思っていたし、そんなに簡単なテーマなら別に研究しなくたっていいのだ。いま改めて冒頭の文章を読み返してみると、「膨大過ぎてほとんど手がつけられていないテーマに、まずはとっかかりを得ようとしてみることに意義がある！　と私は考えている」と書いていた。この時、どのくらい達成できれば「とっかかり」になると考えていたのかはもうはっきり思い出せないが、正直な感想としては、想像以上に見通しの立つ素描はできたような気がしている。少なくとも、自分にとってはそうである。

とはいえ、十分に詰めきれなかった点も決して少なくはないと感じている。本書は「青春の大衆化」の側面を強調して書いてきたが、当然ながら青春の経験に階層差や地域差が全く無関係というわけではない。また、本書では第八章だけで取り扱った青春と恋愛という問題などは、ジェンダーやセクシュアリティの面からもっといろいろな切り口で論じることができるだろう。本書を土台にして、そういった観点からの個別的な研究が今後積み重ねられていったらいいと思う。

それにしても、本書の加筆修正にあたって、連載初期の文章から読み返してみて気づいたのは、思った以上に肩ひじ張っていたなということである。一年間連載を続けてみて、私にも変化や成長の余地があるのだなという感慨すら抱いてしまった。まだ私も青春の中にいるのかもしれないと思った次第である（笑）[100]。

しかし、そのしゃちこばった感じは、やはり長期にわたる連載という初の体験に対する不安感のあらわれだったのだろうと思う。普段、論文や本を書くときは、割と事前に構想を固めてはっきりとした見通しを立ててから始めるスタイルなので、一二回の連載を完走できる確信がないままにスタートするのはなかなか勇気のいることだった。しかし、こう

100　青春語りのルールとして、ここは「（笑）」が絶対に必要である。詳しくは第一〇章参照。

いう機会でもないと青春というテーマに挑んでみようという勇気もまた持てなかったと思うので、とてもありがたいチャンスをいただけてよかったなというのが、率直な今の気持ちである。せっかくだから、青春の探究をこれからもしばらく続けてみようと思っている。本書のもとになった連載の企画、そして本書の編集を担当していただいた篠田里香さんには、改めて御礼を申し上げます。

それでは、ここでとりあえず筆を擱くことにいたします。ここまでお読みいただいたみなさん、どうもありがとうございました。

参考文献

新井満、二〇〇五、『青春とは』、講談社
浅野智彦、二〇一三、『「若者」とは誰か』、河出書房新社→二〇一五、増補新版
浅野智彦編、二〇〇六、『検証・若者の変貌』、勁草書房
知念渉、二〇一七、「〈インキャラ〉とは何か」『教育社会学研究』第一〇〇集、三二五―三四五頁
藤井淑禎、一九九四、『純愛の精神誌　昭和三十年代の青春を読む』、新潮社
福間良明、二〇一七、『「働く青年」と教養の戦後史』、筑摩書房
福間良明、二〇二〇、『「勤労青年」の教養文化史』、岩波書店
古市憲寿、二〇一一、『絶望の国の幸福な若者たち』、講談社
古屋健三、二〇〇一、『青春という亡霊』、日本放送出版協会
後藤和智、二〇一三、『「あいつらは自分たちとは違う」という病』、日本図書センター
羽渕一代編、二〇〇八、『どこか〈問題化〉される若者たち』、恒星社厚生閣
平石典子、二〇一二、『煩悶青年と女学生の文学誌』、新曜社
堀井憲一郎、二〇〇六、『若者殺しの時代』、講談社
石田光規、二〇二一、『友人の社会史』、晃洋書房
石岡学、二〇〇四、「「理想の子ども」としての健康優良児」『教育社会学研究』第七五集、六五―八四頁
石岡学、二〇一七、「高度成長期のテレビドキュメンタリーにおける『青少年問題』の表象」『教育社会学研究』第一〇一集、六九―八九頁
岩見和彦、一九九三、『青春の変貌』、関西大学出版部
岩見和彦編著、二〇一五、『続・青春の変貌』、関西大学出版部

苅谷剛彦、一九九五、『大衆教育社会のゆくえ』、中央公論社
片瀬一男、二〇一五、『若者の戦後史』、ミネルヴァ書房
香月孝史・上岡磨奈・中村香住編著、二〇二二、『アイドルについて葛藤しながら考えてみた　ジェンダー／パーソナリティ／〈推し〉』青弓社
川崎賢一・浅野智彦編著、二〇一六、『〈若者〉の溶解』、勁草書房
木村絵里子、二〇二一、「『若者論』の系譜」木村絵里子・轡田竜蔵・牧野智和編著『場所から問う若者文化　ポストアーバン化時代の若者論』、晃洋書房、一―二三頁
木村直恵、一九九八、『〈青年〉の誕生』、新曜社
北村三子、一九九八、『青年と近代』、世織書房
小林哲夫、二〇一二、『高校紛争 1969-1970』、中央公論新社
小谷敏編、一九九三、『若者論を読む』、世界思想社
小山静子、二〇〇九、『戦後教育のジェンダー秩序』、勁草書房
小山静子、二〇一四、「純潔教育の登場　男女共学と男女交際」小山静子・赤枝香奈子・今田絵里香編『セクシュアリティの戦後史』京都大学学術出版会、一五―三四頁
小山静子編、二〇一五、『男女別学の時代　戦前期中等教育のジェンダー比較』、柏書房
小山静子・石岡学編著、二〇二一、『男女共学の成立　受容の多様性とジェンダー』、六花出版
三浦雅士、二〇〇一、『青春の終焉』、講談社
宮台真司・石原英樹・大塚明子、一九九三、『サブカルチャー神話解体』、PARCO出版→二〇〇七、増補版、筑摩書房
難波功士、二〇〇七、『族の系譜学』、青弓社
日本性教育協会編、二〇一九、『「若者の性」白書　第8回青少年の性行動全国調査報告』、小学館
西井開、二〇二一、『「非モテ」からはじめる男性学』、集英社
岡田晋吉、二〇〇三、『青春ドラマ夢伝説』、日本テレビ放送網→二〇二一、筑摩書房

太田省一、二〇一一、『アイドル進化論　南沙織から初音ミク、ＡＫＢ48まで』、筑摩書房
佐藤忠男、一九七六、『青春映画の系譜』、秋田書店
佐藤卓己、二〇一七、『青年の主張』、河出書房新社
澁谷知美、二〇〇三、『日本の童貞』、文藝春秋（→二〇一五、河出書房新社）
田嶋一、二〇一六、『〈少年〉と〈青年〉の近代日本』、東京大学出版会
田島悠来、二〇一七、『「アイドル」のメディア史『明星』とヤングの70年代』、森話社
竹内洋、二〇一一、『学校と社会の現代史』、左右社
田中亜以子、二〇一九、『男たち／女たちの恋愛　近代日本の「自己」とジェンダー』、勁草書房
宇野常寛、二〇〇八、『ゼロ年代の想像力』、早川書房
牛窪恵、二〇一五、『恋愛しない若者たち』、ディスカヴァー・トゥエンティワン
和崎光太郎、二〇一七、『明治の〈青年〉』、ミネルヴァ書房

本書は「みんなの〈青春〉――思い出語りの50年史」と題して、生きのびるブックスwebサイト（https://ikinobirubooks.jp/）に二〇二一年一〇月から二〇二二年一二月にかけて掲載された連載に、加筆修正を加えたものです。

石岡 学（いしおか・まなぶ）

1977年生まれ。京都大学総合人間学部卒業、同大学院人間・環境学研究科博士課程修了。同志社大学文化情報学部助教などを経て、京都大学大学院人間・環境学研究科准教授。専門は教育の歴史社会学。近代日本を対象に、入試や就職といった教育と選抜をめぐる現象や、子ども・若者イメージの社会的構築などを研究している。『「教育」としての職業指導の成立――戦前日本の学校と移行問題』（勁草書房、2011年）で第5回日本教育社会学会奨励賞（著書の部）を受賞。著書に『「地方」と「努力」の現代史――アイドルホースと戦後日本』（青土社、2020年）、『男女共学の成立――受容の多様性とジェンダー』（六花出版、2021年。小山静子との共編著）などがある。

IKINOBIRU
BOOKS

みんなの〈青春《せいしゅん》〉
思《おも》い出《で》語《がた》りの50年《ねん》史《し》

2024年3月15日　初版第1刷発行

著者　石岡《いしおか》 学《まなぶ》

発行者　佐々木一成

発行所　生きのびるブックス株式会社
〒150-0021
東京都渋谷区恵比寿西1-33-15
EN代官山1001 モッシュブックス内
電話　03-5784-5791
FAX　03-5784-5793
http://www.ikinobirubooks.co.jp

ブックデザイン　野津明子（böna）

印刷・製本　モリモト印刷株式会社

ISBN 978-4-910790-17-6　C0095
NexTone PB000054451号

生きのびるブックスの本

死ぬまで生きる日記
土門蘭

「楽しい」や「嬉しい」、「おもしろい」といった感情はちゃんと味わえる。それなのに、「死にたい」と思うのはなぜだろう?　カウンセラーや周囲との対話を通して、ままならない自己を掘り進めた記録。生きづらさを抱えるすべての人に贈るエッセイ。第1回「生きる本大賞」受賞！ 1,900円+税

家族と厄災
信田さよ子

パンデミックは、見えなかった、見ないようにしていた家族の問題を明るみにした。家族で最も弱い立場に置かれた人々はどのように生きのびようとしたのか。臨床心理士がその手さぐりと再生の軌跡を見つめ、危機の時代の家族のありようを描写する。加藤陽子氏絶賛！ 1,900円+税

声の地層——災禍と痛みを語ること
瀬尾夏美

土地の人々の言葉と風景を記録するアーティストが喪失、孤独、痛みをめぐる旅を重ねた。震災、パンデミック、戦争、災害。語る人と聞く人の間に生まれる物語とエッセイによる密やかな〈記録〉。「息づかいが伝わる言葉、そして、時間に流されない言葉を見つけた」(武田砂鉄氏) 2,100円+税

悼むひと——元兵士と家族をめぐるオーラル・ヒストリー
遠藤美幸

戦場体験者の証言から浮かび上がるのは教科書的な歴史だけではない。誰にも話せなかったこと、伝えたくても伝わらない真実がある。戦没した仲間への哀惜。「勇ましい」右派への不信…。ビルマ戦研究者であり戦友会の世話係でもある著者が、20年以上の聞き取りを通して書き綴った一冊。2,300円+税